TB-II-44

D1663976

SPEKTRUM

Berliner Reihe zu Gesellschaft, Wirtschaft und
Politik in Entwicklungsländern · ISSN 0176-277 X

Herausgegeben von

Prof. Dr. Volker Lühr
Freie Universität Berlin · Lateinamerika-Institut
Rüdesheimer Straße 54-56 · 1000 Berlin 33
Telefon (0 30) 8 38 55 74 oder 8 38 30 72

Prof. Dr. Manfred Schulz
Freie Universität Berlin · Institut für Soziologie
Babelsberger Straße 14-16 · 1000 Berlin 31
Telefon (0 30) 85 00 22 71 oder 85 00 22 74

Prof. Dr. Georg Elwert
Freie Universität Berlin · Institut für Ethnologie
Drosselweg 1-3 · 1000 Berlin 33
Telefon (0 30) 8 38 67 25

Erscheint in unregelmäßiger Folge. Für unverlangt
zugesandte Manuskripte keine Gewähr.

SPEKTRUM

Berliner Reihe zu Gesellschaft, Wirtschaft und
Politik in Entwicklungsländern

Herausgegeben von
Prof. Dr. Volker Lühr, Prof. Dr. Manfred Schulz und
Prof. Dr. Georg Elwert

Band 20

Christine Wyatt

Regionale Integration und Entwicklung: Möglichkeiten und Grenzen des Andenpakts

Verlag **breitenbach** Publishers
Saarbrücken · Fort Lauderdale 1989

CIP-Titelaufnahme der Deutschen Bibliothek

Wyatt, Christine:
Regionale Integration und Entwicklung: Möglichkeiten und
Grenzen des Andenpakts / Christine Wyatt. – Saarbrücken;
Fort Lauderdale: Breitenbach, 1989.
(Spektrum; Bd. 20)
ISBN 3-88156-449-7
NE: GT

ISBN 3-88156-449-7

Printed by arco-druck, Hallstadt

INHALT

ABBILDUNGEN   Seite

TABELLEN

ABKÜRZUNGEN

ANCOM	Andean Common Market / Gemeinsamer Markt der Andenländer
ALALC	Asociacion Latinoamericana de Libre Comercio (Lateinamerikanische Freihandelszone), auch: LAFTA
CEPAL	United Nations' Economic Commission for Latin America
CET	Common External Tariff / Gemeinsamer Außentarif
ECLA	United Nations' Economic Commission for Latin America
FEDECAMARAS	Federación Venezolana de Cámaras y Asociaciones de Comercio y Producción (Föderation der venezolanischen Handelskammern)
GATT	General Agreement on Tariffs and Trade
IMF	Internationaler Währungsfonds
ISI	importsubstituierende Industrialisierung
LAFTA	Latin American Free Trade Association, auch: ALALC
LDC	Less Developed Country
MNR	Movimiento Nacionalista Revolucionario (Bolivien)
RWI	regionale Wirtschaftsintegration
SELA	Lateinamerikanisches Wirtschaftssystem / Latin American Economic System
SPIDs	Sectoral Industrial Development Programs (sektorenbezogene Industrieentwicklungsprogramme)

The economy is not integrated unless all avenues are open to everybody and the remunerations paid for productive services are equal, regardless of racial, social and cultural differences.

Gunnar Myrdal

KAPITEL 1

EINLEITUNG

ZU FRAGESTELLUNG, METHODE UND VORGEHEN

In der vorliegenden Arbeit soll der Versuch unternommen werden, am Beispiel des Andenpakts die Möglichkeiten und Grenzen der entwicklungspolitischen Zielsetzung eines regionalen Integrationsmodells zu untersuchen und unter Berücksichtigung politischer und sozioökonomischer Faktoren einen Beitrag zur Erweiterung des Erklärungsansatzes der regionalen Integration in Entwicklungsländern zu leisten.[1]

Vor dem Hintergrund der wirtschaftlichen Strukturen und Prozesse in den Mitgliedsländern Kolumbien, Venezuela, Peru, Bolivien und Ekuador werden gesellschaftliche, politische und sozioökonomische Entwicklungen und deren Einflüsse auf den Integrationsprozess beleuchtet und daraus Rückschlüsse auf die wenig erfolgreiche Umsetzung der ursprünglichen Ziele des Paktes gezogen. Während die Mehrheit der vorliegenden Untersuchungen zum Andenpakt und zu anderen Integrationsgemeinschaften in der Dritten Welt den thematischen Schwerpunkt auf die ökonomischen Probleme eines entwicklungspolitisch orientierten Zusammenschlusses legen, finden diese Punkte zwar Eingang in die Arbeit, im Mittelpunkt soll jedoch der sozio-ökonomische Fragenkomplex stehen.[2]

Mit Hilfe dieser integrierten Betrachtungsweise sollen hier weiterhin Möglichkeiten identifiziert werden, die eine zukünftige, erfolgreichere Umsetzung des Integrationsprozesses gewährleisten und im Hinblick auf die drängenden aktuellen Probleme der Region Lösungen anbieten.

Der Andenpakt als das wohl ehrgeizigste und instrumentell am weitesten ausgebaute regionale Integrationsprojekt in Entwick-

lungsländern bietet eine vielschichtige Basis für diese Studie.
Die Andengruppe ist auch aus aktuellem Anlaß ein geeigneter
Untersuchungsgegenstand: knapp zwei Jahrzehnte nach der Gründung
der Gemeinschaft und nach langjährigen internen Krise haben die
Mitglieder im Sommer 1987 Änderungen im Grundlagenvertrag vor-
genommen, die einerseits auf eine Flexibilisierung der Inte-
grationsinstrumente ausgerichtet sind und andererseits die Notwendigkeit einer verstärkten sozio-ökonomischen Kooperation betonen. Die Neuerungen von 1987 sollen hier vor dem Hintergrund
der historischen Entwicklung der Andengruppe und der Interessen
der gesellschaftlichen Gruppierungen in den Ländern untersucht
werden.

Die Studie unterteilt sich in fünf Kapitel: Der inhaltlichen und
methodologischen Einführung in Kapitel 1 folgt die Erörterung der
theoretischen Grundlagen und geschichtlichen Besonderheiten ent-
wicklungsorientierter regionaler Zusammenschlüsse im 2. Kapitel.
In diesem Zusammenhang werden wirtschaftstheoretische Grundlagen
des Außenhandels und der Integrationsbestrebungen in Lateinamerika dargestellt, um den Integrationsprozess in seinen theoretischen und historischen Rahmen einzuordnen. Zu diesem Zweck soll
die Theorie der Zollunion, die das Kernstück der Integrations-
theorie bildet, und ihre Anpassung an die entwicklungspolitische
Zielsetzung der CEPAL erörtert werden.

Ziel des 3. Kapitel ist die Gegenüberstellung des Entwicklungs-
modells der CEPAL einerseits und des Verlaufs und der Zielsetzung
der Integration in der Andengruppe andererseits. Zuvor werden
jedoch die Ziele und Instrumente des Andenpakts aufgezeigt und
der Verlauf der Integration sowie die Flexibilisierung ihrer
Instrumente im Detail beleuchtet.

Das 4. Kapitel untersucht Einflußfaktoren und Rahmenbedingungen
des Integrationsprozesses: die Unterschiede der Wirtschafts-
strukturen und Entwicklungsniveaus zwischen den Ländern, die
Heterogenität der sozioökonomischen Strukturen innerhalb der

Mitgliedsländer, Veränderungen der weltwirtschaftlichen Bedingungen und das Aufkommen entwicklungsnationalistischer Regime
Ende der 60er Jahre. Hierbei ist Myrdals Betonung der Gleich-
wertigkeit politischer und sozialer Faktoren gegenüber ökonomischen Faktoren als Rahmenkonzept von Bedeutung.

Weiterhin werden Rollen und Interessen der verschiedenen Akteure
und ihr Einfluß auf den Integrationsprozess beleuchtet, interne
Konflikte und Interessenkoalitionen analysiert und, in Anlehnung
an Albert O. Hirschmans Herangehensweise, Grenzen und Bewegungs-
freiräume staatlicher Akteure in der Implementierung des Inte-
grationsplans untersucht.

Im letzten Kapitel werden abschließende Überlegungen zu Zusam-
menmenhängen zwischen den vielschichtigen Einflüssen auf den
Andenpakt zusammengefaßt, der Verlauf von zwei Jahrzehnten
regionaler Integration und die 1987 in Angriff genommene
Neukonzipierung der Integrationsprogramms bewertet und - daraus
folgernd - die Möglichkeiten und Grenzen der regionalen
Integration als Instrument zur wirtschaftlichen Entwicklung auf-
gezeichnet.

ANMERKUNGEN ZU KAPITEL 1

1.   Diese Arbeit wurde im Wintersemester 1987/88 an der Freien
Universität Berlin als Diplomarbeit geschrieben.

2.   Da im Mittelpunkt der Studie sozio-ökonomische Fragen stehen,
finden die folgenden Punkte zwar Eingang in die vorliegende
Arbeit, werden jedoch nur am Rande behandelt:

        (a) die Form und Größe des neu zu schaffenden
Binnenmarkts;   zu diesem Thema siehe Machlup, Fritz: Economic
Integration Worldwide, Regional, Sectoral. New York: Macmillan
Press, 1976; UNCTAD Secretariat: Trade Expansion and Economic
Integration Among Developing Countries.   In: Ghosh, Pradip K.
(ed.): Economic Integration and Third World Development. Westport
/ London: Greenwood Press, 1984

        (b) das Vorhandensein industrieller Agglomerationszentren;
dazu siehe Lanfranco, Sam: Industrial Selection for Regional
Integration.   In: Journal of Common Market Studies, Vol. 18, No.
3, March 1980, S.   272-283; Ter Wengel, Jan: Allocation of
Industry in the Andean Common Market. Boston / The Hague /
London: Martin Nijhoff, 1980

        (c) Unterschiede im Entwicklungsstand der Länder;   dazu
siehe Lizano, Eduardo: Integration of Less Developed Areas and of
Areas on Different Levels of Development.   In: Machlup, Fritz
(ed.): Economic Integration Worldwide, Regional, Sectoral. New
York: Macmillan Press, 1976, S. 276-304. Siehe auch Puyana de
Palacios, Alicia: Economic Integration Among Unequal Partners:
the Case of the Andean Group. New York: Pergamon, 1982

        (d) spezifische Fragen der Handelserweiterung bzw. der
Erhöhung der Skalenerträge;   vgl. hierzu König, Wolfgang: Eine
ökonomische   Bilanz   der   lateinamerikanischen   Integrations-
bewegungen.   In: Mols, Manfred (Hrsg.): Integration und Kooperation in Lateiamerika. Paderborn: Schöningh, 1981, S. 101-119

        (e) Finanzierungsfragen;   hierzu vgl. Cherol, Rachelle L. /
Nuñez del Arco, Jose: Andean Multinational Enterprises: A New
Approach to Multinational Investment in the Andean Group.   In:
Journal of Common Market Studies, Vol. 21, No. 4, June 1983, S.
409-428

KAPITEL 2

VORGESCHICHTE UND THEORETISCHER RAHMEN DER ANDENGRUPPE

Die Dogmengeschichte der regionalen Integration und damit das
theoretische Fundament des Andenpakts haben eklektische Wurzeln,
die sich bis in das 19. Jahrhundert zurückverfolgen lassen. Die
Möglichkeit einer gründlichen Aufarbeitung dieser theoretischen
Grundlagen liegt nicht im Bereich dieser Arbeit. Die Begriffs-
bestimmung und ein Abriss der wichtigsten konstituierenden Elemente der Theorie der regionalen Integration - (a) die Theorie
der Zollunion, die das zentrale Element der traditionellen Inte-
grationstheorie darstellt, und (b) die Theorie der CEPAL, die
sich als Alternative zur klassischen Theorie begreift - sollen
jedoch an dieser Stelle präsentiert werden, um die Einordung des
Andenpaktmodells in seinen theoretischen und geschichtlichen
Rahmen ermöglichen.

2.1 DER INTEGRATIONSBEGRIFF

Mit dem zunehmenden Sprachgebrauch des Begriffs der Integration -
im spezifischeren Sinne der wirtschaftlichen Integration - hat
dieser Ausdruck nach dem zweiten Weltkrieg vielfältige Bedeu-
tungen angenommen. Zunächst wurde der Terminus im Zusammenhang
mit dem Marshallplan (European Recovery Program) gebräuchlich[1]
und erhielt wenig später, mit der Gründung der Europäischen Wirt-
schaftsgemeinschaft, die engere Bedeutung eines "state of affairs
or a process which involves the amalgamation of separate economies into larger regions."[2] In diesem Sinne beinhaltet der
Begriff den Abbau von Handelsschranken zwischen den teilnehmenden
Nationen und die Schaffung eines Rahmens zur wirtschaftlichen
Zusammenarbeit und Koordination.

Mit dem Begriff der Integration werden in der Entwicklungstheorie
gegenwärtig drei Konzepte tituliert, die sich primär in ihrer
räumlichen Form unterscheiden. Die n a t i o n a l e   oder
i n n e r e   I n t e g r a t i o n hat zum Ziel, eine Nation
und nationale Loyalität innerhalb von Staatsgrenzen zu schaffen,
die - wie in weiten Teilen Afrikas - nicht natürlich gewachsen
sind. Neben der politologischen Definition bezeichnet der Begriff
im sozio-ökonomischen Sprachgebrauch den wirtschaftlichen Aufbau
eines Landes »von unten«, der auf eine beschäftigungsorientierte
Breitenwirkung und eine Herstellung von Gütern ausgerichtet ist,
die Grundbedürfnisse befriedigen und die überall produziert werden können. Das Ziel ist die Einbeziehung von Bevölkerungsgruppen
des informellen Sektors in den formellen Sektor.[3]

Das Konzept der g l o b a l e n   oder w e l t w i r t -
s c h a f t l i c h e n   I n t e g r a t i o n durch Handel be-
schreibt den in erster Linie durch den Marktmechanismus gesteuer-
ten Prozeß der Einbeziehung der Entwicklungsländer in die internationale Arbeitsteilung. Die Entwicklungstheorie, und hier in
besonderem Maße die Abhängigkeitstheorie, setzt in ihrer Analyse
der Unterentwicklung bei der fortlaufenden Integration der Länder
der Dritten Welt in den Weltmarkt an.[4]

Die Dissoziationisten sehen in der Struktur der Integration der
peripheren Länder in die an den Ländern des Zentrums ausgerichtete Weltwirtschaft den hauptsächlichen Faktor für die
Unterentwicklung. Folglich verfechten sie eine Strategie, die
eine eigenständige Entwicklung nach dem Prinzip der »self-
reliance« und eine Kooperation und wirtschaftliche Integration
der Peripherie nach dem Prinzip der »collective self-reliance« in
den Vordergrund stellt. Hingegen sehen die Integrationisten, die
eine globale Integration der Entwicklungsländer in die Weltwirtschaft befürworten und unterstützen, in dieser Art der Integration, die sich idealtypisch hauptsächlich durch den wachsenden
Außenhandel und durch diversifizierte Exportproduktion vollziehen
soll, einen unerläßlichen Schritt im Entwicklungsprozeß.[5]

Der Terminus der r e g i o n a l e n I n t e g r a t i o n bezeichnet staatenübergreifende Zusammenschlüsse zu einem ein-
heitlichen Wirtschaftsgebiet mit binnenmarktähnlichen Bedingungen. Die regionale Integration wird im Gegensatz zur globalen
Integration nicht in erster Linie durch den Marktmechanismus,
sondern durch die Wirtschaftspolitik gesteuert.

Von den Vertretern beider obengenannter Denkrichtungen wird die
dritte Form der Integration als eine mögliche Methode zur
wirtschaftlichen Entwicklung angesehen, jedoch unterscheiden sich
die Herangehensweisen besonders im Bezug auf die Auswahl der
Sektoren, die in die Integration mit einbezogen werden. Vertreter
der Dissoziation tendieren gemäß dem Prinzip der »collective
self-reliance« zu einer Form des Zusammenschlusses, die ein
möglichst breites Spektrum von Sektoren einbezieht. Weiterhin
unterscheiden sich die Vertreter dieser Gruppen in Bezug auf die
geforderte Intensität und Tiefe der Integration. Vorschriften für
ausländisches Kapital, wie sie im Andenpakt in Form der Entscheidung 24 (siehe Abschnitt 3.3) existierten, sowie die Einbeziehung sozialer und politischer Aspekte in ein regionales Abkommen würden ebenfalls eher von Vertretern einer dissoziatio-
nistischen Entwicklungsstrategie gefordert werden.[6]

Die regionale Integration kann sich auf verschiedene Teilbereiche
beziehen: So kann zusätzlich zur wirtschaftlichen Integration
eine politische Integration stattfinden. Balassa definiert diesen
Typus der Integration als

> "a process and a state of affairs. Regarded as a process,
> it encompasses various measures abolishing discrimination
> between economic units belonging to different national
> states; viewed as a state of affairs, it can be repre-
> sented by the absence of various forms of discrimination
> between national economies."[7]

Diskriminierung zwischen Staaten, oder Protektionismus, kann
unterschiedliche Formen annehmen: Zölle, mengenmäßige Beschränkungen durch Kontingente, finanzpolitische Hindernisse, Beschrän-

kungen im Währungs- und Kapitalverkehr, administrative Handelsbeschränkungen, Behinderung der Faktormobilität und in letzter
Zeit zunehmend die Form der »freiwilligen Exportbeschränkung.«
Die folgenden fünf institutionellen Formen der regionalen Inte-
gration sind nach der Art der beseitigten Diskriminierung klassi-
fiziert, jedoch repräsentieren sie nicht notwendigerweise auf-
einanderfolgende Schritte des Integrationsprozesses. In der
Praxis kann eine sektorale Integration - wie z. B. die gemeinsame
Agrarpolitik der Europäischen Gemeinschaft - auf jeder dieser
Stufen stattfinden:

(1) F r e i h a n d e l s z o n e n zeichnen sich dadurch
aus, daß die Mitgliedstaaten sämtliche Handelsbarrieren an den
gemeinsamen Grenzen entfernen, daß die Mitglieder jedoch ihre
Autonomie vis-a-vis dem Ausland beibehalten, wie z.B. im Fall von
LAFTA und EFTA, der lateinamerikanischen bzw. der europäischen
Freihandelszone.

(2) Mitgliedsländer von Z o l l u n i o n e n führen zusätzlich zum Freihandel eine gemeinsame Außenhandelspolitik
durch. Das gemeinsame Vorgehen schließt protektionistische Maßnahmen gegen externen Wettbewerb ein, z. B. die Erhebung gemeinsamer Außenzölle (CETs) auf Importe aus Nichtmitgliedsländern.

(3) G e m e i n s a m e M ä r k t e teilen die Charak-
teristika der Zollunion und führen zusätzlich die freie Faktormobilität zwischen den Mitgliedern ein, sodaß sich Kapital und
Arbeit ohne Restriktionen von Land zu Land bewegen können.

(4) Die W i r t s c h a f t s u n i o n ist vollzogen,
wenn ein Staatenverbund mit Merkmalen eines gemeinsamen Marktes
seine nationale Wirtschafts-, Währungs-und Finanzpolitik harmo-
nisiert. Diese Form der Integration hat ihren höchsten Grad
erreicht, wenn eine völlige Vereinheitlichung der Binnenwirt-
schaftspolitik erreicht ist. Dieser Prozess bedingt die Aufgabe
der Autonomie nationaler Notenbanken, die ihre geld- und

währungspolitischen Vollmachten einer supra-nationalen Zentral-
bank übergeben.

(5) Im Falle einer v o l l s t ä n d i g e n   p o l i -
t i s c h e n   V e r e i n i g u n g bilden die Mitgliedsstaaten eine Nation mit einem Parlament und einer souveränen
Regierung. ⁸

2.2 ZUR THEORIE UND GESCHICHTE DER ZOLLUNION

Obwohl die Mehrheit der Industrieländer sich in der ersten Hälfte
unseres Jahrhunderts zum Freihandel bekannte, brachten die
Zwischenkriegsjahre von 1918 bis 1939 eine Welle des Protektionismus durch Kontingente und Zölle, die bis dato in ihrem
Ausmaß ohne Beispiel war. Durch Importbeschränkungen versuchten
Regierungen der Industrieländer, die Wirtschaftskrise und die
resultierende weltweite Massenarbeitslosigkeit innerhalb ihrer
Staatsgrenzen zu bekämpfen. Mit den Einfuhrrestriktionen war die
Hoffnung verbunden, durch gesteigerte Exporte nationale Arbeitsplätze zu erhalten. Da jedoch alle Länder mehr oder weniger dem
selben Konzept folgten und damit einen protektionistischen Wett-
lauf auslösten, zogen die Beschränkungen des Handels lediglich
die Fortdauer der nationalen Probleme nach sich.

Nach dem Zweiten Weltkrieg unternahmen die Vereinigten Staaten,
England und Kanada eine gemeinsame Anstrengung, die Weltwirt-
schaft durch eine neue Weltwirtschaftsordnung zu organisieren, um
so einer erneuten Gefahr der wirtschaftlichen Depression, der
Massenarbeitslosigkeit und des Protektionismus entgegenzutreten.
Mit dem General Agreement on Tariffs and Trade (GATT) wurde eine
Rahmeninstitution geschaffen, die in Verhandlungsrunden über eine
gegenseitige Reduzierung von Tarifen und die Abschaffung von
Kontingenten und anderer Handelsbeschränkungen den internationalen Handel und eine Spezialisierung der Produktion fördern

sollte. Der Prozess der Handelserleichterungen zusammen mit einem
System stabiler Wechselkurse waren die Hauptfaktoren für das
Wachstum und den wachsenden Wohlstand der westlichen Welt während
der Nachkriegsjahre.[9]

In Übereinstimmung mit den Regeln des GATT über die Abwicklung
des internationalen Handels[10] wurde die Europäische Wirtschafts-
gemeinschaft als das erste Modell zur regionalen Wirtschaftsintegration als »second-best option«[11] im Jahre 1958 gegründet.

Theoretische Arbeiten zur wirtschaftlichen Integration, die sich
auf die Zollunion als Untersuchungsgegenstand beschränken, haben
ihre theoriegeschichtlichen und analytischen Wurzeln in der
klassischen Außenhandelstheorie und sind in der Folge der Gründung der europäischen Gemeinschaft entstanden. Daher erklärt sich
die alleinige Ausrichtung der Theorie auf die Fragestellungen
Europas bzw. die der industrialisierten Länder, auf Fragen des
Handels eher als auf Fragen der allgemeinen wirtschaftlichen und
sozialen Entwicklung. Theoretische Pioniere der 50er Jahre auf
dem Gebiet waren Viner, Meade und Lipsey, deren Arbeiten

> "may be described as an adaptation of that traditional
> foreign trade theory which studies the effects on welfare
> following a change from protection to free trade."[12]

Die zentrale Problemstellung der europäischen Zollunionstheorie,
die mit den Grundannahmen der klassischen Theorie operiert[13], ist
die Frage, ob eine Handelsliberalisierung zwischen den Mitgliedsstaaten eines Zollvereins zu einer höheren Wohlfahrt der Welt
führen kann, wenn Handelsrestriktionen mit anderen Ländern beibehalten werden.

Sinn und Zweck dieser Arbeit ist nicht die detaillierte Ausein-
andersetzung mit der Theorie der Zollunion. An dieser Stelle
sollen jedoch diejenigen Punkte angeschnitten werden, die in die
Analyse der Integration der Andenländer einfließen. Eine Klärung
einiger wichtiger Konzepte ist geboten.

Bis in die 50er Jahre war allgemein die Annahme akzeptiert, daß
die Gründung einer Zollunion und die damit verbundene Abschaffung
einiger Zölle einen Schritt in Richtung Freihandel bedeutet.
Viner[14] griff diese Position als erster an, indem er feststellte,
daß ein Zollverein zwei Handelswirkungen mit sich bringen kann:
Die Handelsschaffung (trade creation) wird als positive Aus-
wirkung auf die Weltwohlfahrt bewertet, da ein kostenintensives
einheimisches Produkt durch ein kostengünstiger hergestelltes
Produkt aus einem Partnerland ersetzt wird. Handelsumleitung
(trade diversion) dagegen ist unter dem Aspekt der Weltwohlfahrt
als negativer Effekt zu bewerten, da von einem Niedrigkosten-
produzenten in einem Nichtmitgliedsland zu einem zu höheren
Kosten produzierenden Hersteller innerhalb der Gemeinschaft
gewechselt wird. Viner folgerte, daß ein Zollverein nur dann
unter ökonomischen Gesichtspunkten vorteilhaft ist, wenn die
handelsschaffenden Effekte überwiegen.

Viner legte damit die Basis für spätere Analysen. Seine »Theory
of the Second Best« wurde von Lipsey 1957[15] erweitert, der aus-
führt, daß obwohl die Schaffung eines Zollvereins einen Schritt
in Richtung Freihandel – im neoklassischen Sinne die »first best«
Lösung – darstellt, die Richtung der Wirkungen auf die wirtschaftliche Wohlfahrt der Mitglieder jedoch nicht a priori bestimmt werden kann.

Cooper und Massell[16] vertreten die These, daß die Mitgliedschaft
in einer Zollunion nicht die beste Handelspolitik für ein Land
sein muß, selbst wenn dieser Zusammenschluß in der Hauptsache
handelsschaffend ist. Da die Vorteile einer regionalen Wirtschaftsintegration von der orthodoxen Theorie in der Handelsschaffung gesehen werden, und diese Vorteile durch Preissenkungen
entstehen, kann der gleiche Effekt erreicht werden, wenn Ein-
fuhrzölle für Importe aus allen Ländern reduziert werden. Sie
plädieren damit für den unilateralen Abbau aller Diskriminie-
rungen als bessere Alternative zur Mitgliedschaft in einem
regionalen Zusammenschluß.

Die Wonnacotts[17] vertreten die Ansicht, daß die Cooper-Massell-
These zwar in sich schlüssig sei, daß das Problem ihres Arguments
jedoch in den Annahmen der neoliberalen Analyse liege. Cooper und
Massell gehen von der Prämisse aus, daß der »Rest der Welt« groß
genug ist, sodaß sein Angebot gegenüber dem Zollverein als völlig
elastisch angesehen werden kann. Da nach diesem Modell kein Land
groß genug ist, um Preise auf dem Weltmarkt zu beeinflußen, kann
die Zollunion ihre Nachfrage zu einem konstanten Weltpreis
decken. Die Wonnacotts betonen jedoch, daß (a) in der Realität in
der ganzen Welt Tarife erhoben werden, daß (b) die Möglichkeit
einer Beeinflußung des Preises eines bestimmten Gutes durchaus in
der Macht eines dritten Landes (bzw. dem Rest der Welt) stehen
kann. Daraus folgt (c), daß dieses dritte Land Tarife für das Gut
als »bargaining counter« durchaus beibehalten kann, um sich in
Handelsgesprächen für eigene Exporte besseren Zugang zu anderen
geschützten Märkten zu verschaffen.

Im Gegensatz zur Cooper-Massell-These scheint dieses Argument
besonders überzeugend und realistisch, weil es durch die Praxis
in den Handelsrunden bestätigt wird. Mit der These der Wonnacotts
und ihrer Ablehnung der orthodoxen Annahmen und Ziele sind somit
Ansätze für alternative Zielvorstellungen in der Integrations-
praxis formuliert worden, die für Integrationsbemühungen von
Entwicklungsländern von Bedeutung sind.

Obwohl man im Fall Europas, wie in Fällen späterer Integrationsgemeinschaften, davon ausgehen kann, daß die Motive zur Gründung
politischer Natur waren[18], wurden die Vorteile der
wirtschaftlichen Integration gemeinhin mit der Entstehung wirt-
schaftlichem Nutzens begründet. Zusammengefasst und ergänzt sind
die Quellen dieses Nutzens auf den Ebenen der Zollunion und der
Freihandelszone folgende:

(a) eine erhöhte Spezialisierung in Übereinstimmung mit
dem Gesetz des komparativen Vorteils[19] ermöglicht eine
Effizienzsteigerung in der Produktion;

(b) ein erweiterter Markt erlaubt die Nutzung der Vorteile der »economies of scale« und damit ein erhöhtes Produktionsniveau;

(c) der erweiterte Markt führt zu einer verbesserten internationalen Verhandlungsposition und damit zu besseren »terms of trade«;

(d) ein gesteigerter Wettbewerb setzt Verbesserungen der ökonomischen Effizienz durch; und

(e) technischer Fortschritt bewirkt Veränderungen, die die Anzahl und Qualität der Produktionsfaktoren beinflußen.[20]

Bei einer vollständigen Wirtschaftsunion, die über das Niveau der Zollunion hinausgeht, wird ein weiterer Zuwachs des Nutzens möglich durch:

(f) Faktormobilität zwischen den Mitgliedsländern;

(g) die Koordinierung von Geld- und Fiskalpolitik;

(h) gemeinsames Herangehen an die Ziele der Vollbeschäftigung, des ökonomischen Wachstums und einer gerechten und gleichmäßigen Einkommensverteilung.[21]

Diese Effekte können in statische Effekte (Allokationseffekte) und dynamische Effekte (Langzeiteffekte) unterteilt werden. Robson betont hierzu, daß

"membership of an economic grouping cannot in itself guarantee to a member state or a group a satisfactory economic performance, or even a better performance than in the past. The static gains from integration, although significant, can be - and often are - swamped by the influence of factors of domestic or international origin that have nothing to do with integration. The more fundamental factors influencing a country's economic

performance (the dynamic factors) are unlikely to be
affected by integration except in the long run. It is
clearly not a necessary condition for economic success
that a country should be a member of an economic community
as the experience of several small countries confirms,
although such countries might have done even better as
members of a suitable group. Equally, a large integrated
market is in itself no guarantee of performance, as the
experience of India suggests. However, although integration is clearly no panacea for all economic ills, nor in-
dispensible to success, there are many convincing reasons
for supposing that significant economic benefits
may be derived from properly conceived arrangements for
economic integration."[22]

2.3 IMPORTSUBSTITUTION UND INTEGRATION:
DIE THEORIE DER CEPAL

Im liberalen Wirtschaftsmodell wird unter den Annahmen des freien
Handels und der Gültigkeit des Theorems des komparativen Kostenvorteils[22] eine internationale Arbeitsteilung propagiert, die
allen Teilnehmern Nutzen bringen soll. Nach diesem Prinzip ist
auch eine Arbeitsteilung zwischen Herstellern von Rohstoffen und
Herstellern von industriellen Produkten für beide Handelspartner
von Vorteil.

Ein Hauptmotiv des lateinamerikanischen Unabhängigkeitskampfes
des frühen 19. Jahrhunderts war die Forderung der Latein-
amerikaner, gegen die Handelsrestriktionen Spaniens einen unbe-
schränkten Handel mit der damals ersten Wirtschaftsmacht England
führen zu können. Sarmiento, einer der Väter des liberalen
argentinischen Wirtschaftsmodells, schreibt 1845: "...la Europa
nos proveerá por largos siglos de sus artefactos, en cambio de
nuestras materias primas; y ella y nosotros ganaremos en el
cambio..."[23] Der Handel der lateinamerikanischen Länder mit den
alten Industrieländern behielt für einen Zeitraum von fast
eineinhalb Jahrhunderten eine Struktur des Austausches von
Primär- gegen Sekundärgüter bei.

Die Weltwirtschaftskrise zu Beginn der 30er Jahre war jedoch der
Anlass für einen Umdenkungsprozeß. Viele Länder des lateinamerikanischen Subkontinents verloren durch den vom wirtschaftlichen Zusammenbruch ausgelösten Protektionismus Europas und
Nordamerikas die Absatzmärkte für ihre Rohstoffe. Der Verfall der
Rohstoffpreise verursachte Deviseneinbußen und machte eine
drastische Einschränkung der Importe notwendig. Mit dieser un-
freiwilligen Abschottung vom Weltmarkt wurde der Aufbau des
industriellen Sektors durch eine Substitution der Importe in Gang
gesetzt. Die Importsubstitution, die später in eine Industriali-
sierungsstrategie umformuliert wurde, war zunächst nicht mehr als
ein Nebenprodukt des »Krisenmanagements lateinamerikanischer
Zahlungsbilanzen.«[24] Die Krise machte die Verringerung der Abhängigkeit vom Exportsektor notwendig und erzwang somit die
Diversifizierung der Strukturen der lateinamerikanischen Volkswirtschaften.

Obwohl einige Länder wenig später die wachsende Nachfrage der
Industrieländer während der Jahre des zweiten Weltkrieges kurzfristig zu ihrem wirtschaftlichen Vorteil nutzen konnten, blieb
die Einfuhrsubstitution die vorherrschende Tendenz in der Außenpolitik der lateinamerikanischen Staaten. Die Politik der importsubstituierenden Industrialisierung (ISI), die sich zur vorherr-
schenden Entwicklungsstrategie des Subkontinents entwickelte,
erhielt von der 1948 gegründeten Wirtschaftskommission der
Vereinten Nationen für Lateinamerika CEPAL ihren theoretischen
Rahmen. Eine Begründung dieser Politik war ja seit dem Erscheinen
von Keynes' »General Theory« im Jahre 1936 drastisch erleichtert.
In seinem Werk hatte Keynes derartige staatliche Eingriffe in den
Wirtschaftsprozess zum ersten Mal theoretisch legitimiert.

Raul Prebisch, der das Entwicklungsmodell der CEPAL entscheidend
beeinflußte, lehnte 1949 mit seiner These der sekulären Ver-
schlechterung der Terms of Trade die Anwendung der Theorie des
komparativen Kostenvorteils in der Analyse der Volkswirtschaften

von Entwicklungsländern ab und unterstützte Zölle zum Schutz der
neu gegründeten Industrien in diesen Ländern. [25]

Seinem Modell liegt die Annahme zugrunde, daß ein Entwicklungs-
prozess nur durch Wachstum und Diversifizierung der einheimischen
Industrie in Gang gesetzt werden kann. Der Industriesektor gilt
als treibende Kraft und dynamischer Faktor wirtschaftlicher Entwicklung: Da die Elastizität der Nachfrage nach Primärgütern in
den Industrieländern sehr gering ist, wogegen die Einkommens-
elastizität der Nachfrage nach Industriegütern in den Entwicklungsländern hoch ist, haben Industriegüter günstigere Wachstums-
aussichten. Die höheren Kosten der Industriegüter, die durch
Lohnerhöhungen in Perioden wirtschaftlichen Aufschwungs in den
Industrieländern und durch die unterschiedlichen Zuwachsraten der
Produktivität in der Sekundär- und Primärgüterproduktion zustande
kommen, verursachen den langfristigen Verfall der Terms of Trade
für die rohstoffexportierenden Entwicklungsländer und begünstigen
somit die Industrieländer im internationalen Handel. Durch eine
Substitution von Importen mit einheimischen Produkten sollten der
inflationäre Druck und die Zahlungsbilanzschwierigkeiten elimi-
niert werden. [26]

Grundsätzlich also ist nach der CEPAL-Analyse die Behinderung für
Wachstum und Entwicklung in der Peripherie nicht konjunktureller,
sondern struktureller Natur. Daher sind strukturelle Veränderungen in den einzelnen peripheren Staaten - wie der Eingriff durch
die Einfuhrsubstitution - und Modifikationen im internationalen
Wirtschaftssystem erforderlich. [27]

Die Durchführung der ISI brachte bei weitem nicht die gewünschten
Resultate. Trotz wirtschaftlicher Expansion und wachsender
Industrialisierung blieben interne und externe Strukturver-
änderungen aus: Arbeitslosigkeit, Unterbeschäftigung, wachsende
Konzentration des Einkommens und ein rückständiger Agrarsektor
bestimmten weiterhin die inneren Strukturen. Zahlungsbilanz-

probleme und zu enge nationale Absatzmärkte bestimmten das
wirtschaftliche Bild.

Als im Zuge der europäischen Einigung in den 50er Jahren die
regionale Wirtschaftsintegration konzipiert wurde, griff die
CEPAL Mitte der 50er Jahre das Konzept auf: Um die Produktivität
und Wettbewerbsfähigkeit zu steigern, sollten die Länder Lateinamerikas ihre begrenzten nationalen Ressourcen und Märkte durch
die Verstärkung des intraregionalen Handels und der Kooperation
zusammenfassen. Insbesondere im Fall der kleinen lateinamerikanischen Länder wurde davon ausgegangen, daß die ISI im
nationalen Rahmen aufgrund der engen Binnenmärkte über kurz oder
lang an die Grenzen ihrer Möglichkeiten stoßen werde, da eine
effiziente, auf »economies of scale« ausgerichtete Industrialisierung große Märkte benötigt.

Im Rahmen eines multilateralen Systems sollten Handelsbarrieren
reduziert bzw. völlig abgebaut und der Handel der Länder unter-
einander verstärkt werden. Das entscheidende Element hierbei war
nicht die Handelsliberalisierung innerhalb der Gruppe, sondern
der Schutz gegen den Rest der Welt.[28] Ein kollektiver
Protektionismus in Form einer regional koordinierten Importsubstitution sollte für die Mitglieder durch höhere Kapazitäts-
auslastungen und eine zunehmende Arbeitsteilung innerhalb der
Integrationsgemeinschaft zur Schaffung größerer Industriali-
sierungsmöglichkeiten führen.

Da diese »Theorie der Zollunion mit Schutzfunktion« im Gegensatz
zum konventionellen »infant industry« - Argument keine zeitliche
Begrenzung oder graduelle Reduktion der Schutzzölle vorsieht,
impliziert sie einen permanenten Schutz.[29] Das Wachstum des
Industriepotentials als Resultat des kollektiven Protektionismus
ebnet den Weg zur Transformation der internen wirtschaftlichen
Strukturen[30] und erhöht die internationale Wettbewerbsfähigkeit.

"Tariff protection and interferences with free trade are
considered justified when the social welfare function is
redefined to include future as well as current consumption
and other non-economic objectives and when there are
imperfections, externalities, and distortions in commodity
and factor markets. In all those cases, an optimal trade
policy is based not on specialization along traditional
lines of static comparative advantage, but on attaining
dynamic transformations in the economic structure, which
results in a different pattern of specialization that
reflects the concept of dynamic comparative advantage."[31]

Einen weiteren Vorteil erwartete man von einer verbesserten
internationalen Verhandlungsposition als Resultat gemeinsamer
Aktionen von Ländergruppen anstelle von Aktionen einzelner
Länder. Gemeinsames Handeln in den zahlreichen Bereichen, in
denen die Interessen der Mitgliedsländer einer Integrationsgemeinschaft vereinbar sind, ist ein Beitrag zur Verbesserung
ihrer wirtschaftlichen Position im Weltmarkt.[32] Darüber hinaus
versprach die beschleunigte wirtschaftliche Entwicklung und eine
verbesserte kollektive Verhandlungsposition auch eine größere
politische Unabhängigkeit auf internationaler Ebene.[33]

Zusammengefaßt beinhaltet die wirtschaftliche Zielsetzung der
lateinamerikanischen Integration die Aufgaben, (a) den Markt für
die Produzenten der Mitgliedsländer zu erweitern, (b) die
wirtschaftliche Verhandlungsposition Lateinamerikas gegenüber den
Industrieländern, insbesondere gegenüber Nordamerika, zu stärken[34], und (c) eine größere politische Unabhängigkeit zu
ermöglichen.

ANMERKUNGEN ZU KAPITEL 2

1. vgl. hierzu Machlup 1977, S. 3-12

2. vgl. dazu El Agraa 1982, S. 1

3. vgl. Priebe 1967, S. 58-75

4. vgl. dazu u. a. Frank, Andre Gunder: Dependent Accumulation and Underdevelopment. New York/London: Monthly Review Press, 1979; Wilber, Charles K. (ed.): The Political Economy of Development and Underdevelopment. New York: Random House, 1979

5. vgl. hierzu Dorner, Karl: Probleme der weltwirtschaftlichen Integration der Entwicklungsländer. Tübingen: Mohr (Siebeck), 1974

6. vgl. Wöhlcke 1985, S. 15ff.

7. vgl. Balassa 1961, S. 4

8. vgl. El Agraa 1982, S. 1-3

9. vgl. dazu Hine 1985, S. 16

10. ebenda, S. 39-42

11. Im neoklassischen Sinn ist eine »first-best option« eine Idealform des Handels ohne Restriktionen. Das GATT läßt die »second-best option« zu, da sie als regional begrenzter Freihandel als Schritt in die Richtung einer weiteren Handelsliberalisierung gesehen wird.

12. vgl. dazu Lundgren, N.: Customs Unions of Industrialized Western European Countries. In: Denton, E. R. (ed.): Economic Integration in Europe. London: Weidenfeld and Nicholson, 1971, S. 25

13. Die wichtigsten Grundannahmen der klassischen Theorie sind der unbeschränkte Wettbewerb, die Immobilität der Produktionsfaktoren zwischen den Volkswirtschaften, gleichbleibende terms of trade, Vollbeschäftigung, konstanteSkalenerträge, keine externen Effekt und Transportkosten, konstante Technologie und eine fehlende Produktdifferenzierung.

14. vgl. hierzu Viner 1950

15. vgl. dazu Lipsey 1957, S. 40-46

16. vgl. Cooper / Massell 1965, S. 742-747

17. vgl. Wonnacott / Wonnacott 1981, S. 704-714

18. Die Argumente für den Zusammenschluß Westeuropas nach dem Zweiten Weltkrieg waren vorwiegend politischer Natur. Die Gründungsstaaten erhofften sich, zwischen den großen Machtblöcken der Vereinigten Staaten und der Sowjetunion die Rolle einer dritten Macht zu spielen. Die Gründung des süd-ost-asiatischen Integrationsprojekts der ASEAN-Staaten war ebenfalls durch einen politischen Druck motiviert, da sich diese Staaten während des Vietnam Krieges als »Bollwerk gegen den Kommunismus« zusammenschlossen.

19. vgl. El Agraa 1982, S. 8-11

20. ebenda

21. vgl. Robson 1980, S. 4

22. Das ricardianische Theorem des komparativen Kostenvorteils stellt das theoretische Kernstück der klassischen Handelstheorie dar, die als Basis lateinamerikanischer Handelspolitik bis weit in das 20. Jahrhundert hinein gültig war.

Das Theorem besagt, daß Güter in verschiedenen Ländern aufgrund unterschiedlicher Ausstattung mit Ressourcen und Produktions-faktoren zu unterschiedlichen Kosten produziert werden. Aus diesem Zustand wird die Begründung einer internationalen Arbeitsteilung abgeleitet: Anstatt alle Güter selbst zu produzieren, ist es für ein Land von Vorteil, sich auf die Produktion derjenigen Güter zu spezialisieren, die es - absolut oder relativ - am kostengünstigsten herstellen kann.

Die Produktion eines Überschusses der kostengünstigen Produkte ermöglicht, daß der Bedarf an anderen Gütern durch Handel mit Ländern mit einer anderen Kostenstruktur gedeckt wird. Beide Handelspartner ziehen ihren Nutzen aus dieser Arbeitsteilung, solange die Verkaufspreise der ausgetauschten Güter über den Herstellungskosten des exportierenden Landes liegen und unter den Kosten, die das importierende Land im Fall einer Eigenproduktion aufwenden müßte.

23. "...Europa wird uns jahrhundertelang im Austausch gegen unsere Rohstoffe mit seinen Fertigwaren versorgen; und beide werden wir von diesem Austausch profitieren..."; vgl. Domingo F. Sarmiento: Facundo - Civilization y Barbarie. Madrid: Alianza Editorial, 1970, S.270; zitiert in Zimmerling 1986, S. 28

24. vgl. hierzu König 1982, S. 182-183

25. vgl. hierzu Prebisch, Raul: Towards a Dynamic Development Policy for Latin America. New York, 1964

26. ebenda

27. vgl. Zimmerling 1986, S. 34-35

28. vgl. hierzu Nienhaus 1987, S. 44

29. ebenda. Nienhaus bezieht sich hier auf die theoretische Ebene.
Die Weltbank argumentiert, daß Protektion in der Praxis oft das Gegenteil ihres Zwecks bewirkt. Wenn der Industrie, wie es in vielen Entwicklungsländern der Fall ist, ein permanenter Schutz gewährt wird, fehlt für die »infant industry« ein Anreiz zur Entwicklung ihrer Wettbewerbsfähigkeit. Protektion erhöht die Preise lokaler Produkte und senkt somit die einheimische Nachfrage nach dem geschützten Produkt. Anreize für Export und »economies of scale« werden gehemmt. Deshalb, so argumentiert die Weltbank, funktioniert ein Schutz der »infant industry« am besten, wenn von vornherein ein Plan für den Abbau der Zölle festgelegt wird. Vgl. World Bank 1987, S. 69-70

30. vgl. König 1982, S. 184

31. vgl. Inter-American Development Bank 1984, S. 9

32. vgl. hierzu Ffrench-Davis 1977, S. 138

33. ebenda

34. vgl. dazu Inter-American Development Bank 1984, S. 9-14

KAPITEL 3

DER INTEGRATIONSPROZESS IN DEN ANDENLÄNDERN

3.1 EINLEITUNG

Eine Untersuchung der Andengruppe in Bezug auf ihr entwicklungspolitisches Potential, die Gegenstand dieses Kapitels ist, hat
eine Anzahl von Faktoren in Betracht zu ziehen. Zunächst muß die
Programmatik des Zusammenschlusses sowie ihre Umsetzung vor dem
Hintergrund der in der Theorie erarbeiteten Zielsetzung untersucht werden. Die Programmatik ist das Resultat einer Entwicklungsstrategie, die als Kompromiß aus Theorie und Entwicklungs-
planung auf der einen Seite, und politisch-wirtschaftlichen
Interessen auf der anderen Seite zu verstehen ist. Die Qualität
ihrer Umsetzung wird wesentlich durch die Rahmenbedingungen
bestimmt. Sie setzen sich zusammen aus:

> "1. der Ausstattung mit natürlichen Faktoren
>   - geographische Lage und Topographie
>   - Diversifizierung, Quantität, Qualität,
>   Reproduzierbarkeit und Erschließbarkeit der
>   natürlichen Ressourcen
>
> 2. demographischen Faktoren
>   - Einwohnerzahl
>   - Bevölkerungswachstum
>
> 3. der materiellen und sozialen Infrastruktur
>   - Ökonomische Faktoren (z.B. Kapitalbildung)
>   - soziale und politische Faktoren:
>   -- Kapitalverwendung
>   -- Einkommensverteilung
>   -- administrativ-organisatorische Leistungsfähigkeit
>   des Staatsapparates
>   -- Motivation und Qualifikation der politischen und
>   ökonomischen Führungsgruppe
>   -- Außenwirtschaftsbeziehungen
>   -- Verhandlungspotential zur Gestaltung der
>   Außenbeziehungen"[1]

Der gesamte Komplex der Rahmenbedingungen, der ein Gefüge
verzweigter Wechselbeziehungen ergibt, bestimmt selbst bei nicht
erheblich voneinander abweichenden Strategien kapitalistischer
Entwicklung in erheblichem Maße die Ergebnisse der Entwicklungs-
und Industrialisierungspolitik der Integration.[2] In den folgenden
Abschnitten werden die Zielsetzung der Andengruppe und ihre
Umsetzung im Rahmen der materiellen und sozialen Infrastruktur
untersucht, um die Relevanz und Wirkung der Integration der
Andengruppe in entwicklungspolitischer Hinsicht zu ermitteln.

3.2 LATEINAMERIKANISCHE INTEGRATIONSBESTREBUNGEN:
LAFTA UND DER ANDENPAKT

Ein entwicklungsländerspezifisches Integrationskonzept mußte die
völlig anders geartete Ausgangssituation der wirtschaftlichen
Unterentwicklung in Betracht ziehen: Grundlegende wirtschaftliche
Veränderungen konnten nur dann bewältigt werden, wenn auch die
sozio-ökonomische Komponente, nämlich die Problematik der un-
zureichenden inneren Integration, der Marginalisierung, zusätzlich zu der der globalen Integration, gekennzeichnet durch
Beziehungen struktureller Abhängigkeit zu den Industrieländern,
in eine Entwicklungsprogrammatik einbezogen würde.

Verstärkte soziale Spannungen zu Anfang der 60er Jahre und die
Furcht vor weiteren Siegen revolutionärer Bewegungen wie in Kuba
riefen neben den wirtschaftlichen Zielen auch soziale Ziele auf
die Tagesordnung: soziale Gerechtigkeit und pan-amerikanische
Solidarität wurden 1961 mit Unterstützung der Kennedy - Admini-
stration in der Punta del Este Vereinbarung zu Prinzipien der
Allianz für den Fortschritt erklärt. Die Interamerikanische
Entwicklungsbank begann, Agrarreformen, Gesundheits- und
Infrastrukturprojekte zu finanzieren.[3] Die Punta del Este-

Erklärung der amerikanischen Präsidenten illustriert treffend das
politische Klima der Zeit:

> "Our purpose in creating the Latin American Common Market
> is to recover the image and meaning of the Alliance for
> progress as a multilateral program of international co-
> operation in which all the countries of the inter-American
> system will assume concrete obligations oriented towards
> strengthening the process of economic integration of Latin
> America and towards the creation of more favorable con-
> ditions for the social and economic development of the
> region within a free, just and democratic society."[4]

Diese Prinzipien verkörpern die Grundlage des 1960 unterzeich-
neten Abkommens von Montevideo, mit dem die lateinamerikanische
Freihandelszone (LAFTA) von elf Staaten[5] als sektorales,
produktbezogenes Freihandelsabkommen konzipiert worden ist. Die
politische Umsetzung des CEPAL-Konzepts stieß jedoch bald auf
Schwierigkeiten: Die Mitgliedsstaaten waren wegen ihrer unterschiedlichen Produktionsstruktur nicht in der Lage, sich auf
gemeinsame Listen von Produkten zu einigen, die innerhalb der
Region von Zöllen befreit werden sollten. Als die Interessen
divergierten, fehlte bei den Staaten der politische Wille, den
Prozeß der Integration anzutreiben. Das Handelsvolumen der
Mitgliedsländer blieb hinter dem zum Zeitpunkt der Gründung
gesteckten Ziel zurück.[6]

Die Ursache für die Krise des LAFTA war der Disput um unterschiedliche Interpretationen seiner Funktionen durch die Mitgliedsstaaten. Argentinien, Brasilien und Mexiko, die großen Mitgliedsländer der LAFTA mit einem höheren Industrialisierungsgrad
und größeren einheimischen Märkten, sahen in der Freihandelszone
in erster Linie ein Instrument zur Förderung des Handels. Sie
klammerten die wirtschaftliche und entwicklungspolitische
Zusammenarbeit, die über die Handelserweiterung hinausging,
vollständig aus dem Aufgabenbereich der LAFTA aus. Anders als die
kleinen Länder sahen sie Integration nicht als ein Instrument im
Aufbau neuer Industrien.[7]

Projekte regionaler Integration, die einseitig auf die Liberalisierung des Außenhandels fixiert sind, können - aber müssen
nicht - entwicklungspolitisch sinnvoll sein:

> "...free trade, with or without a regional protective
> policy should not be the principal goal or even a major
> goal of Third World integration schemes. Although elimi-
> nation of intra-regional barriers to trade may lead to
> significant increases in trade in some cases this is not
> likely to contribute in a major way to the development of
> the region."[8]

Wöhlcke sieht eine mögliche Gefahr der Konzentration als Folge
unzureichender entwicklungspolitischer Effekte einer Integrationsstrategie, die sich ausschließlich des Instruments der
Handelsliberalisierung bedient. Folgende Faktoren führen nach
Wöhlke im Rahmen eines Zusammenschlusses zu einer Reproduktion
der bestehenden wirtschaftlichen Strukturen:

(a) innerhalb der Region bestehen Tendenzen zur Polarisierung;

(b) zwischen der Außenhandelsliberalisierung und einer
regionalen wie sektoralen Entwicklungspolitik können sich
Widersprüche entwickeln;

(c) die lokale Produktion steht einer überlegenen regionalen Konkurrenz schutzlos gegenüber.

(d) ein Prozeß der Marginalisierung kann ausgelöst werden
und somit die Unterentwicklung reproduzieren.[9]

Im Gegensatz zu den drei großen Ländern forderten die kleinen
Länder und die Länder mittlerer Größe ein Integrationsmodell, das
über rein kommerzielle Funktionen hinausgeht, und das sich die
Förderung der industriellen Entwicklung zur Aufgabe macht. Neben
einem intensiveren Zollabbau forderten sie die Entwicklung von

Maßnahmen, die die Möglichkeit von Konzentrations- und Polarisie-
rungseffekten eindämmen.[10]

Weiterhin beanspruchte die Gruppe der kleinen Länder das Recht
auf regionale Absprachen in Bezug auf ausländische Investitionen,
um zu verhindern, daß sich ausländische Firmen den »Löwenanteil«
des Nutzens des erweiterten Marktes sichern, indem sie ihre
Operationen in denjenigen Ländern ansiedeln, die ihnen die gün-
stigsten Konditionen gewähren. Im LAFTA hatte diese Situation zu
Verzerrungen und Handelsumleitung (vgl. Abschnitt 2.2) geführt,
da Industrien in ihrer Standortplanung oft nicht nach ökonomischen Gesichtspunkten, sondern nach der unterschiedlichen Behandlung ausländischen Kapitals entschieden.[11]

Auf der von der Gruppe kleiner Länder initiierten Konferenz in
Punta del Este im Jahre 1967 verabschiedete der LAFTA-Ministerrat
die Resolutionen 202 und 203, die die Basis für eine Schaffung
von subregionalen Gruppen unter den Mitgliedern des Zusammenschlusses legten. Die Resolutionen sahen als Aufgaben von subregionalen Vereinbarungen vor,

> "... (to) establish a program of freeing of trade more
> accelerated than that of LAFTA, adopt a common external
> tariff and measures to intensify industrialization and the
> manner of bringing into line the legislation of each
> nation concerned."[12]

Der Andenpakt wurde mit der Unterzeichnung des Abkommens von
Cartagena, einer subregionalen Integrationsvereinbarung im Rahmen
des LAFTA, am 26. Mai 1969 in Bogota gegründet. Die ursprüng-
lichen Vertragsmitglieder waren Bolivien, Chile, Ecuador,
Kolumbien und Peru. Venezuela trat der Gruppe erst 1973 bei, und
Chile verließ den Pakt 1976.

Die organisatorische Struktur des Andenpakts (vgl. Abbildung 2)
unterteilt sich in drei Gruppen von Institutionen, (a) die Insti-

tutionen mit politischer Entscheidungsgewalt, (b) Koordinations-
und Beratungsinstitutionen und (c) autonome Institutionen. [13]

Das oberste Organ der Andengruppe ist die Kommission. Sie setzt
sich aus einem weisungsgebundenen Bevollmächtigten aus jedem der
Mitgliedsländer zusammen und versammelt sich in regelmäßigen
Abständen. Die politische Richtung der Andengruppe wird jedoch in
außerordentlichen, im Vertrag nicht festgeschriebenen Treffen der
Regierungschefs der Mitgliedsländer bestimmt.

Im Jahre 1979 wurden im Rahmen der Andengruppe drei neue
Institutionen gegründet:

(a) das Andenparlament setzt sich aus je fünf Repräsentanten zusammen, die von den legislativen Körperschaften der Mitgliedsländer gewählt werden. Das Parlament hat im andinen Integrationsprozeß eine beratende und fördernde Aufgabe inne;

(b) der Rat der Außenminister formuliert die gemeinsame
Außenpolitik und koordiniert die Politik der andinen Körperschaften gegenüber dritten Ländern;

(c) der Andine Gerichtshof ist eine der autonomen Insti-
tutionen im Rahmen des Andenpakts. An den Gerichtshof werden fünf
Richter aus den Mitgliedsländern für jeweils sechs Jahre ernannt.
Die Kompetenz des Gerichts erstreckt sich auf Dispute um die
Anwendung des gemeinsamen Rechts der Andengruppe.

Die Junta gehört zu den beratenden Gremien der Andengruppe und
hat die Funktion eines Verwaltungsorgans und einer technischen
Körperschaft des Vertrages von Cartagena. Sie implementiert den
Vertrag, führt die Beschlüsse der Kommission durch und verfügt
über eine begrenzte Autonomie in der Erarbeitung von Initiativen
und Studien, die die Ziele der Andengruppe fördern und unterstützen sollen. Die Junta besitzt jedoch keine Entscheidungs-

gewalt. Eine Reihe von beratenden Resorts arbeiten der Junta in fachspezifischen Bereichen wie Planung, Fiskalpolitik, Handel und Gesundheit zu.

Der beratende Wirtschafts- und Sozialausschuß setzt sich aus Repräsentanten der Unternehmerverbände und der Gewerkschaften zusammen und wird vor Entscheidungen der Kommission gehört.

Zum Andenpakt gehören neben dem Gerichtshof zwei weitere autonome Institutionen. Die Andine Finanzierungsgesellschaft (CAF), gegründet 1968, nimmt in der Region die Aufgaben einer multinationalen Entwicklungsbank wahr. Der Andine Reservefonds (FAR) wurde im Jahre 1978 gegründet unterstützt Mitgliedsländer mit strukturell bedingten Zahlungsbilanzdefiziten.

3.3 DIE ZIELE DES ANDENPAKTS

Der Andenpakt wurde von den kleinen und mittleren Mitgliedsländern der LAFTA initiiert, für die der Grad der Handelsliberalisierung in der Organisation zu niedrig ausfiel, und für die das Ziel einer Handelsliberalisierung zum alleinigen Zweck der Erhöhung des Warenaustausches innerhalb der lateinamerikanischen Region nicht weit genug gesteckt war. Diese Länder sahen sich durch die kommerzielle Zielsetzung des LAFTA gegenüber den großen Ländern der Region benachteiligt.

Im Rahmen des Andenpakts sollte die Zielsetzung der zwischenstaatlichen Handelserweiterung, wie sie im Rahmen traditioneller Integrationsgemeinschaften und im Rahmen des LAFTA existierten, beibehalten werden. Das grundsätzliche Konzept des Andenpakts sah vor, durch die "Integration der Kaufkraft" der Mitgliedsländer einen weiteren Markt für die nationalen Industrien zu schaffen.

Weiterhin sollte die Integration im Sinne der kleinen und
mittleren Länder jedoch eine bedeutendere entwicklungsbezogene
Komponente erhalten. Die Planer der Andengruppe sahen Maßnahmen
vor, die (a) die ungleiche Verteilung des Nutzens aus der Integration verhindern und (b) der Reduzierung der Abhängigkeit von
den Ländern des Zentrums dienen sollten. Nach den Statuten des
Andenpakts sollten folgende entwicklungsfördernde Maßnahmen getroffen werden:

(a) die Beschleunigung der Handelsliberalisierung über den
von LAFTA gesetzten Rahmen hinaus; interner Zollabbau bis 1980;

(b) ein gemeinsamer Außentarif zum Schutz der Industrie
gegenüber dem Ausland bis 1975;

(c) eine gemeinsame Industrieplanung, die Intensivierung
des subregionalen Industrialisierungsprozesses, und eine regionale Investitionsplanung in Form sektoraler Programme zur industriellen Entwicklung (SPIDs)[14];

(d) Koordinierung und Harmonisierung der Wirtschaftspolitik, deren bedeutenster Bestandteil die Regulierung der ausländischen Direktinvestitionen (Decisión 24) war;

(e) der Aufbau eines Systems, das eine gerechte Verteilung
der Früchte der Integration gewährleistet und dessen wichtigstes
Instrument die regionale Investitionsplanung (SPIDs) ist und in
dessen Rahmen Bolivien und Ecuador, den am wenigsten entwickelten
Ländern der Region, ein Sonderstatus eingeräumt wird.[15]

Weitere geplante Maßnahmen, die in der Durchführung jedoch eine
untergeordnete Rolle spielten, waren

(f) Programme zur Stimulierung der landwirtschaftlichen
Entwicklung;

(g) die physische Integration (Grenzen, Transportwesen);

(h) die Koordinierung der Sozialpolitik. [16]

Das Abkommen sollte in vier Phasen implementiert werden, von denen jede die Integration um einen Schritt weiter in Richtung Harmonisierung der Wirtschaftspolitik und Handelsliberalisierung bringen sollte:

1. P h a s e (1969-70): Harmonisierung der Politik gegenüber ausländischem Kapital. Während dieses einjährigen Stadiums waren das Programm zur Handelsliberalisierung und die sektoralen Entwicklungsprogramme (SPIDs) in Vorbereitung;

2. P h a s e (1970-75): In diesen fünf Jahren sollten die SPIDs und der interne Zollabbau ratifiziert werden, der den gemeinsamen Markt begründet.

3. P h a s e (1975-80): Während des zweiten Fünfjahresplans sollte mit der Implementierung der SPIDs begonnen und das Handelsprogramm fortgeführt werden. Man wollte sich auf einen gemeinsamen Außentarif und gemeinsame Wettbewerbsnormen einigen. Für die Implementierung des 3. Stadiums bewilligte man Ecuador und Bolivien zehn Jahre.

4. P h a s e (1980-85): In der letzten Phase sollte die Wirtschaftsunion verwirklicht sein, eine Harmonisierung der Wirtschaftspolitik stattfinden, und eine gemeinsame Entwicklungsstrategie angenommen werden. [17]

3.4 ENTWICKLUNGSMODELL UND ZIELSETZUNG

Im folgenden sollen die zentralen entwicklungsfördernden Maßnahmen des Abkommens von Cartagena und ihre Ziele im Detail erläutert und auf ihre wirtschaftlichen und politischen Implika-
tionen hin untersucht werden. Auf dieser Grundlage basiert die
Diskussion der nächsten Abschnitte über die Rollen der Akteure
der Integration und die politische Konstellation.

Im Entwicklungsmodell, das dem Abkommen zugrunde liegt, wird der
Industrie die Aufgabe der wirtschaftlichen Modernisierung der
Mitgliedsländer zugedacht:

> "The prominent concern of the Andean Pact is to influence
> the course of industrial development in the sub-region:
> what is to be manufactured, where and with how much com-
> petition."[18]

Das Integrationsmodell der Andengruppe unterscheidet sich von
traditionellen Integrationsgemeinschaften durch die Einbeziehung
der industriellen Planung als zentralen Mechanismus, der die
Förderung der subregionalen Importsubstitution in denjenigen
Bereichen zum Ziel hat, die,

> "because of their nature, need high levels of investment,
> technological advances, large-scale production, and long-
> term gestation periods. In general, the national markets
> are limited and have impeded the development of the
> projects. The characteristics of these leading sectors
> justify their being planned and their being given a
> monopoly for their products."[19]

Die gemeinsame Planung industrieller Investitionen nahm die Form
der SPIDs an. Sie sollte den effizienten Einsatz vorhandener
Ressourcen und die gerechte Verteilung des Nutzens der Integration unter den Mitgliedsländern sichern:

> "The SPID mechanism was designed to correct the injustices
> and inefficiencies that would be provoked by the un-
> regulated functioning of the economy when the merging of

the markets takes place among countries with both in-
sufficient and diverse levels of development. The instrument is of particular importance in avoiding the dangers
of benefit polarization with regard to investment pro-
grammes designed for the expanded market."[20]

Die SPIDs waren als Instrument zur Planung neuer Industrie-
investitionen und deren Standortplanung konzipiert. Die Standorte
für Industriebetriebe sollten nach den folgenden Gesichtspunkten
ausgewählt werden:

"(a) Greater expansion, specialization and diversification
of industrial production;

(b) Maximum utilization of available resources of the
area;

(c) Stimulation of greater productivity and more effi-
cient utilization of production factors;

(d) Utilization of large industry; and

(e) Equitable distribution of benefits [between the
countries]."[21]

Die SPID-Programme sind als »sektorenbezogene Zollvereine« zu
betrachten, da sie durch die Festsetzung eines gemeinsamen Außen-
tarifs und die Liberalisierung des gemeinsamen Handels mit dem
Produkt den erweiterten Markt für die Produkte des programmierten
Sektors konsolidieren.[22] Die in diese Programme einbezogenen
Listen von Gütern wurden in folgende Sektoren unterteilt: (1) gemeinsame Automobilproduktion, (2) petrochemische Gesamtplanung,
(3) metallverarbeitende Industrie, (4) chemischer Dünger und
Pestizide, (5) Papier- und Zellstoffproduktion, (6) Eisen- und
Stahlherstellung, (7) pharmazeutische Industrie und (8) Indu-
strie- und Haushaltselektronik.[23]

Darüber hinaus wendete die Andengruppe als erste regionale Gruppe
explizite Regelungen für ausländisches Kapital in Form der
Decisión 24 von 1970 an. Dieses »Kapitalstatut« wurde konzipiert,

um einen Kompromiß zwischen den Interessen ausländischer Investoren und den Entwicklungsinteressen der Andenländer herzu-
stellen: Die Vertragspartner befürchteten, daß in einer Atmo-
sphäre des wirtschaftlichen Nationalismus, die in Lateinamerika
während der 60er Jahre vorherrschte und in einigen Ländern eine
Welle von Nationalisierungen mit sich brachte, ausländische Investitionen und Importe, die für das ISI-Modell des Andenpakts
erforderlich waren, abgeschreckt würden. Mit der Decisión 24
wollten die Vertragspartner ein stabiles Investitionsklima garan-
tieren, gleichzeitig aber den Marktungleichgewichten vorbeugen,
die ein unkontrollierter Fluß ausländischen Kapitals in unterentwickelte Volkswirtschaften zur Folge hat. Das Gesetz sollte
also auch nationale Anleger vor der wettbewerbsfähigeren internationalen Konkurrenz schützen. [24]

Die Entscheidung 24 unterscheidet zwischen nationalen Unternehmen
mit über 80 Prozent andinem Kapital und gemischten und
ausländischen Unternehmen mit 51 bis 80 Prozent andinem Kapital.
Innerhalb von 15 Jahren sollten sich etablierte ausländische
Unternehmen graduelle zurückziehen, bis inländische Teilhaber
eine Mehrheitskontrolle von 51 Prozent der Anteile ausübten. [25]
Das Statut beschränkt ebenfalls die automatische Reinvestition
von Gewinnen und den Kauf von Anteilen nationaler Unternehmen
durch ausländische Anleger auf 5 Prozent, um einen überpropor-
tional großen ausländischen Einfluß in einheimischen Unternehmen
zu verhindern. Darüber hinaus empfiehlt Entscheidung 24, neue
Auslandsinvestitionen aus strategischen Sektoren - wie Finanz-
aktivitäten, Werbung, Kommunikation und Medien - fernzuhalten.
Bereits bestehende Unternehmen in diesen Bereichen sollten
innerhalb von drei Jahren bis zu 80 Prozent ihrer Anteile an
lokale Unternehmen abtreten. [26] Ein jährlicher Gewinntransfer
sollte höchstens 14 Prozent betragen. Regierungen, die zu solch
drastischen Eingriffen jedoch nicht bereit waren, konnten unter
Berufung auf nationales Interesse nach Artikel 44 Ausnahmeregelungen anwenden, die Möglichkeiten boten, die strikten Vor-

schriften zu umgehen. [27] Formal zählten diese nationalistischen
Vorschriften für ausländische Anleger zu den radikalsten
Schritten in Richtung auf eine von der CEPAL propagierte Strate-
gie der autozentrierten Entwicklung.

Im Bereich der tarifären Maßnahmen spielt der gemeinsame Außentarif in der Integration der Andenländer - im Gegensatz zu Inte-
grationsprojekten in Industrieländern - eine bedeutendere Rolle
als die Abschaffung tariflicher und nicht-tariflicher Hindernisse
im regionalen Handel: die Beseitigung von Zöllen innerhalb der
Gemeinschaft fördert die Ausweitung des intraregionalen Handels.
In der Europäischen Gemeinschaft und der LAFTA ist die Förderung
des gemeinsamen Handels das wichtigste Ziel; ein hoher gemeinsamer Außentarif (CET)[28] wurde hingegen als ist ein bedeutendes
Instrument zur Stimulierung des Wachstums der regionalen Industrie und der regionalen industriellen Zusammenarbeit angesehen,
da er den Grad des Schutzes der regionalen Industrie anheben
sollte. Dauer und Höhe des CET bestimmen die Dauer des Prozesses
der Importsubstitution und damit auch den Zeitpunkt des
Überganges zu einer neuen Phase der industriellen Entwicklung mit
stärkerer Öffnung gegenüber dem Weltmarkt. [29]

Das Abkommen von Cartagena sah vor, den CET in zwei Phasen zu im-
plementieren: in der ersten Phase sollte ein gemeinsamer Mindestaußentarif installiert werden, von dem Bolivien und Ecuador ausgenommen waren. In die zweite Phase sollten die definitiven
Außentarife festgesetzt werden. [30]

Die Strategie einer "collective self-reliance" beinhaltet neben
der äußeren Dimension einer "kalkulierten Isolierung bei selek-
tiver Nutzbarmachung des Weltmarktes"[31] auch eine interne
Dimension für die Länder der Dritten Welt, nämlich die der
inneren Umstrukturierung durch eine schrittweise Erschließung des
Binnenmarktes. Der interne Zollabbau als eine Komponente der
Umstrukturierung sollte im Andenpakt bis 1980 verwirklicht sein.

Für die zweite Komponente, die Ausweitung der Kaufkraft auf nationaler Ebene, die in den Statuten unter den Punkten der Förderung der Landwirtschaft und der Koordination der Sozialpolitik
Erwähnung findet (vgl. oben), ist kein Programm ausgearbeitet
worden. Damit wurde, wie in Abschnitt 4.1 zu erläutern sein wird,
der sozio-ökonomischen Zielsetzung des Paktes eine niedrige
Priorität eingeräumt.

Die ursprüngliche Konzeption des Andenpakts beinhaltete damit
eine Reihe von Maßnahmen, die für eine Umsetzung der Entwick-
lungsziele regionaler Integration geeigneter erschienen als die
im Rahmen der LAFTA vorgesehen Maßnahmen. Obwohl das Integrationsmodell der Andengruppe in seiner Konzeption den Bedingungen
der Unterentwicklung besser angepasst ist als das ursprüngliche
europäische Integrationsmodell, ist seine politische Umsetzung
jedoch mit größeren Schwierigkeiten verbunden, denn ein sozioökonomischer Entwicklungsprozeß tritt in der Realität

> "nicht idealtypisch, sondern in Mischformen als Ergebnis
> politischer Kompromisse zwischen verschiedenen gesell-
> schaftlichen Kräften sowie als Frage struktureller Zwänge
> auf."[32]

Der Rahmen, in dem sich Integration vollzieht, ist kein rein
technokratischer Rahmen. Fragen nach Strategien der wirtschaftlichen Entwicklung bieten politischen Zündstoff. Zudem vollzieht
sich wirtschaftliche Integration zwischen Nationalstaaten, in
denen mit der Opposition nationalistischer Gruppen zu rechnen
ist. Das Entwicklungsmodell des Andenpakts setzte komplexere
Institutionen voraus als vorangegangene Integrationsprojekte.
Darüber hinaus war der Rahmen der zu treffenden Maßnahmen weiter
gesteckt und verlangte deshalb ein größeres Engagement von den
Akteuren der Integration.[33]

Korrektive Politik und kompensatorische Mechanismen setzen bei
den Akteuren nicht nur ein hohes Engagement für die Integration

voraus. Die Kontrolle ausländischer Investitionen, die Zuteilung von Industrien an die Länder der Region und der gemeinsame Außentarif repräsentieren einen politischen und wirtschaftlichen Dirigismus, der von den Akteuren die Übergabe eines Teils ihrer Macht an gemeinschaftliche Institutionen fordert.

Das interventionistische Konzept geht von der Annahme aus, daß Wachstum in seiner Qualität und Quantität planbar ist. Damit ist ein Widerspruch und ein potentieller Konfliktpunkt zwischen dem entwicklungspolitischen Anspruch der Integration und privatwirtschaftlichen Interessen von Anlegern gegeben, die ihre Entscheidungen weniger nach entwicklungspolitischen Kriterien als nach Kriterien der betrieblichen Effizienz und Rentabilität treffen.

Im folgenden Abschnitt sollen Schwierigkeiten in der Umsetzung der Ziele der Andengruppe erläutert werden, um danach zu sehen, inwiefern die hier angesprochenen gesellschaftspolitischen Faktoren die Umsetzung der Programmpunkte beeinflußt haben.

3.4 DIE UMSETZUNG DER ZIELE

Die fast zwanzigjährige Geschichte des Andenpakts war begleitet von Problemen und Konflikten gesellschaftlicher, wirtschaftlicher und politischer Natur. Diese Faktoren nahmen Einfluß auf die Entwicklung der Andenintegration, indem sie den Verlauf der Umsetzung der Integrationsziele beeinflußten. Dieser Abschnitt wird die Umsetzung der wichtigsten Programmpunkte aufzeichnen. Aus den »Defiziten« zwischen den Zielen und dem Erreichten (der Implementierung) ergeben sich Faktoren, die Änderungen der ursprünglich geplanten Form des Andenpaktes erforderlich machten. Diese Analyse soll später - zusammen mit den zu untersuchenden gesellschaftlichen Faktoren - Rückschlüsse auf die Wirksamkeit

der Integration als entwicklungspolitisches Instrument der Andenstaaten ermöglichen.

Der am vehementesten umstrittene Programmpunkt der Gruppe war die
Decisión 24. Sie trat 1970 zu einer Zeit in Kraft, als von Seiten
ausländischer Anleger eine hohe Investitionsbereitschaft
vorhanden war, da der südamerikanische Subkontinent noch als
dynamisch wachsender Zukunftsmarkt galt. Mit der Decisión 24
sollten inländische Anleger im Sinne des Cepalismo und der ISI
(vgl. Abschnitt 2.3) vor der wettbewerbsfähigeren ausländischen
Konkurrenz geschützt werden. Im Laufe der 70er und 80er Jahre
änderten sich jedoch die Rahmenbedingungen: Die wirtschaftliche
Krise breitete sich aus, ein Abbau von Investitionen fand statt,
die Schuldenberge der Mitgliedsländer wuchsen an (vgl. Abschnitt
4.1). Zudem schüttelten innenpolitische Krisen die Länder. Die
restriktive Gesetzgebung der Entscheidung 24 wurde für die
einheimische Wirtschaft zum Hindernis bei der »händeringenden«
Suche nach zahlungskräftigen Anlegern aus den westlichen Industrieländern.[34] Mit der wachsenden Notwendigkeit der Erschließung
neuer Einkommensquellen fand in den Andenländern eine zunehmende
Konkurrenz um ausländische Investitionen statt und damit auch
eine Änderung der Einstellung gegenüber ausländischem Kapital.

Um externen Anlegern einen Investitionsanreiz zu geben, wurden
Restriktionen der Decisión 24 kontinuierlich aufgeweicht, indem
Regelungen umgangen oder außer Kraft gesetzt wurden. Weiterhin
wurde von einheimischen Industrieverbänden und US-amerikanischen
Investoren Druck auf die Regierungen ausgeübt, um unter Anwendung
des Artikel 44 Ausnahmeregelungen im Namen des »nationalen
Interesses« zu erwirken.[35] (In Abschnitt 4.2 soll untersucht
werden, wie sich der Prozeß des Aufweichens der Entscheidung 24
auf den politischen Ebenen der einzelnen Länder vollzog)

Außerdem erfolgte mit der Decisión 103 im November 1976 die erste
gesetzliche Änderung, die die Investionsregeln für ausländisches

Kapital erleichterte: Der zugelassene Gewinntransfer wurde von 14 Prozent auf 20 Prozent, später auf 24 Prozent erhöht. Den Regierungen wurde die Option eingeräumt, diese Obergrenze nach eigenem Ermessen zu erhöhen. Darüber hinaus wurde als Konzession an Chile ausländischen Anlegern erlaubt, nicht nur in gemischten, sondern auch in nationalen Unternehmen 49 Prozent der Anteile zu erstehen. Diese Änderung erfolgte zu einem Zeitpunkt, als das Pinochet-Regime im Begriff war, die von der Unidad Poplar nationalisierten Betriebe zu denationalisieren. Gleichzeitig verlängerte man die legale Frist für den Übergang der Mehrheits- kontrolle von 51 Prozent der Anteile etablierter ausländischen Unternehmen auf inländische Teilhaber. Weiterhin wurde die 5- Prozent-Grenze für automatische Reinvestitionen auf 7 Prozent heraufgesetzt, womit die Kapitalbasis, auf der zukünftige Gewinntransfer- und Reinvestitionsraten basierten, vergrößert wurde. Multinationale Konzerne erhielten auch Zugang zu lokalen kurz- und mittelfristigen Krediten. [36]

Die Decisión 24 wurde im Rahmen des »Protocolo Modificatorio« auf der Konferenz von Quito im Mai 1987 durch ein flexibleres Statut, die Decisión 220, ersetzt. Nach diesem Statut sind »gemischte Unternehmen« nur noch notwendig, wenn die externen Anleger die Vorteile der Liberalisierung nutzen wollen. Die vorgeschriebene Zeitspanne für die Umwandlung wurde auf dreißig Jahre in den großen Ländern und auf 37 Jahre in den kleinen Ländern erweitert. Weiterhin fallen die Regelung von Krediten an ausländische Unternehmen und ausländische Investitionen seit 1987 wieder unter die nationale Gesetzgebung. Neue Investitionen brauchen deshalb die Anforderung »gemischter Unternehmen« nicht einzuhalten. Die Sperrung strategischer Sektoren für ausländi- sches Kapital wurde ebenfalls aufgehoben. [37]

Mit der neuen Entscheidung 220 ist die ursprüngliche Konzeption der Entscheidung 24 vollständig aufgehoben. Damit sind die bürokratischen Hindernisse für notwendige ausländische Investitionen beseitigt. Jedoch sind die politischen und sozialen Rahmenbedingungen in den Andenländern, die fehlende Infrastruktur, die sozialen und politischen Konflikte und das soziale Elend zumindest ähnlich schwerwiegende Hemmnisse für Neuinvestitionen. [38]

Die zweite Phase der Integration (1970 bis 1975) sah die Ratifizierung der sektorenbezogenen Industrieplanung und des internen Zollabbaus vor. Von den acht durch die Junta vorgeschlagenen SPIDs wurden von den Mitgliedern lediglich drei Programme für die Bereiche Petrochemie, Metallverarbeitung und Automobilproduktion angenommen, deren Implementierung jedoch auf zahllose technische und wirtschaftliche Probleme stieß. In den industrialisierten Ländern der Gruppe, Kolumbien und Chile, formierte sich Anfang der 70er Jahre mit der Reduzierung der Rolle des Staats als Planer Widerstand gegen das Element der Planung im industriellen Bereich. Mit der Verzögerung der Ausarbeitung und Ratifizierung der Programme aufgrund der verlängerten Diskussion änderten sich grundlegende Planungsdaten, wie Investitionskosten und Marktgröße. Weiterhin wurde im Laufe der 70er Jahre deutlich, daß die einbezogenen Sektoren international schrumpften und nur noch wenig wachstumsfähig waren. Die Schwierigkeiten in der Umsetzung beeinträchtigten das Funktionieren der SPIDs erheblich [39] und führten schließlich Ende der 70er Jahre zu einer Stagnation in diesem Bereich.

Auf der Konferenz von Quito wurde auch eine Änderung der industriellen Entwicklungsstrategie beschlossen: der Aufbau neuer dynamischerer Industrien und die industrielle Kooperation bei bereits produzierten Produkten sollten stärker gefördert werden. Weiterhin wurde beschlossen, die staatliche Rolle im Bereich der industriellen Planung einzuschränken und den Unternehmern größere Entscheidungsfreiheit zu übertragen. [40]

Der gemeinsame Binnenmarkt der Andenländer hatte die Steigerung
des intraregionalen Handelsvolumens zum Ziel und sollte durch die
graduelle Eliminierung von Zöllen und nicht-tarifären Handels-
hemmnissen bis Ende 1980 geschaffen sein. Die Liberalisierung des
Handels zwischen den Ländern wurde von Beginn an eingeschränkt,
da nur 60 Prozent aller Güter auf der Tarifliste in den Zollabbau
einbezogen wurden. Die 40 Prozent der nicht einbezogenen Produkte
waren in der Hauptsache Industriegüter. Andererseits hatten
Kolumbien, Peru und Venezuela ihre Zölle auf Produkte aus
Bolivien und Ecuador schon 1974 völlig beseitigt. [41] Zwischen 1969
und 1979, in einer Periode allgemeinen Handelswachstums, stieg
auch das Exportvolumen zwischen den Andenländern, wobei der
Anteil des Erdölexporteurs Venezuela durchschnittlich um 50
Prozent lag (siehe Tabelle 2). Mit der Krise zu Beginn der 80er
Jahre schrumpfte der Handel erheblich: zwischen 1981 und 1985
fiel das Exportvolumen um 42,6 Prozent. [42] (siehe auch
Abschnitt 4.1) Auf der Konferenz von Quito wurde beschlossen, den
protektionistischen Tendenzen, die sich während der Krise
verstärkten, durch eine flexiblere Handhabung der Liberalisierung
des Binnenmarktes zu begegnen: die Zeiträume für den Abbau der
internen Handelshemmnisse wurden verlängert; zudem können seit
1987 sensible Produkte durch Mengenrestriktionen geschützt
werden. [43]

In der dritten Phase der Integrationsbestrebungen von 1975 bis
1980 war die Festsetzung des gemeinsamen Außentarifs geplant.
Bereits 1975 ratifizierten Kolumbien, Peru und Venezuela einen
Mindestaußentarif, von dem Bolivien und Ecuador ausgenommen
waren. Schwierigkeiten traten auf, als sich die Mitglieder auf
den Protektionsgrad des Außentarifs einigen wollten: Peru schlug
eine effektive Zollrate von 40 Prozent vor, Kolumbien forderte 60
Prozent, Ecuador und Venezuela mindestens 80 Prozent. Hier
standen sich die Interessen der stark geschützten nationalen
Industriesektoren dieser Länder, die die regionale Integration
als Mittel zum Ausbau der ISI unterstützten, der Position der

damaligen peruanischen Regierung gegenüber, die die Effizienz der
einheimischen Industrie durch eine Reduzierung der Schutzzölle
anheben wollte. [44]

Venezuela und Ecuador, die beiden Ölexporteure der Andengruppe
und gleichzeitig die Länder mit der niedrigsten Inflationsrate,
waren an einer hohen effektiven Zollrate interessiert. Venezuelas
relativ entwickelter aber ineffizienter Industriesektor sah sich
mit einem zu kleinen Markt und einer chronischen Rezession kon-
frontiert. Ecuadors Industriesektor war viel geringer entwickelt
als der venezolanische. Das neue Einkommen aus Ölexporten sollte
helfen, die Industrialisierung des Landes voranzutreiben. Dagegen
stand Peru, das eine hohe Inflation hatte, die Möglichkeit der
Subvention von notwendigen industriellen Importen aufgrund der
inflationstreibenden Effekte dieser Maßnahme nicht offen. Dieser
Sachverhalt erklärt auch Perus Interesse an einer Öffnung der
Wirtschaft der Andenländer gegenüber dem Weltmarkt und an der
Verbesserung der Effizienz der andinen Produktionsstruktur. [45] Im
Stichjahr 1980 war der CET nicht zustandegekommen. Im Protokoll
von Quito wurde daraufhin eine Einführung des CET auf den Bereich
nicht-sensibler Produkte begrenzt. [46]

Der Andenpakt hat somitnicht nur zeitlich seine Zielsetzung nicht
erreicht. Im Laufe der 70er Jahre, besonders aber während der
wirtschaftlichen Krise der 80er Jahre, haben sich die Rahmenbedingungen und damit auch die Ziele und Anforderungen verändert.
Eine Änderung des Vertragstextes wurde notwendig, um Mittel und
Ziele den wirtschaftlichen Bedingungen anzupassen. Mit dem
Protokoll von Quito 1987 wurde ein realisierbarer, weniger
stringenter Rahmen für eine regionale Zusammenarbeit erarbeitet.
Im folgenden vierten Kapitel soll die Rolle der wirtschaftlichen
und gesellschaftlichen Rahmenbedingungen in dieser Entwicklung
näher untersucht werden.

ANMERKUNGEN ZU KAPITEL 3

1. vgl hierzu Esser 1979, S. 208

2. ebenda

3. vgl. Puyana de Palacios 1982, S. 16

4. vgl. dazu Junta / INTAL 1974, S. 25

5. Die elf Mitgliedsstaaten der LAFTA (seit 1980: Latin American Integration Association LAIA) sind Argentinien, Bolivien, Brasilien, Chile, Ecuador, Kolumbien, Mexiko, Paraguay, Peru, Uruguay und Venezuela.

6. vgl. dazu Inter-American Development Bank 1984, S. 15-19

7. vgl. König 1982, S. 185

8. vgl. Axline 1979, S. 23

9. vgl. Wöhlcke 1985, S. 78-79

10. vgl. Ffrench Davis 1977, S. 139

11. vgl. König 1981, S. 106-109

12. Junta del Acuerdo de Cartagena / Instituto para la Integración de América Latina 1974, S. 351-360

13. vgl. Inter-American Development Bank 1984, S. 47; alle weiteren Angaben zur Organisationsstruktur stammen aus derselben Quelle, aus Andersen / Woyke 1985, S. 215-218 und aus Nohlen 1984, S. 38-39

14. Die Einbeziehung planerischer Elemente in die Programmatik wurde zuvor u. a. von Balassa theoretisch aufgeworfen. Die Autoren stimmen überein, daß ein gemeinsamer Markt mit Policy-Planung für LDCs eine günstigere Form der Integration ist als eine Freihandelszone, da mit diesem Instrument Konzentrationseffekten entgegengewirkt werden kann. Vgl. Puyana de Palacios 1982, S. 21-22 und S. 285

15. vgl. Agreement on Andean Subregional Integration, 1969, Artikel 3, und Ffrench-Davis 1977, S. 139-140

16. ebenda

17. vgl. Junta, Documento de Evaluación 1969-75, Jun/di 195, Lima, 1976, S. 15-16; eigene Übersetzung

18. vgl. Ffrench-Davis, Ricardo: The Andean Pact, o.A., S.20; zitiert in Puyana de Palacios 1982, S. 32

19. vgl. dazu Puyana de Palacios 1982, S. 29

20. vgl. hierzu Ffrench-Davis 1977, S. 143

21. vgl. Agreement on Andean Subregional Integration, 1969, Artikel 32

22. vgl. Inter-American Development Bank 1984, S. 64

23. vgl. Puyana de Palacios 1982, S. 28

24. ebenda, S. 181-182

25. vgl. Fischer 1981, S. 75-76

26. ebenda

27. vgl. Ffrench-Davis 1977, S.144-146

28. Die gängige Abkürzung für den Gemeinsamen Außentarif ist CET (Common External Tariff)

29. vgl. hierzu Wong 1986, S. 57-60 und Hojman 1981, S. 147

30. vgl. Wong 1986, S. 60

31. vgl. Wöhlcke 1985, S.65

32. ebenda, S. 66

33. vgl. Axline 1984, S. 10-11

34. vgl. Knipper, 24. Februar 1987, S.14

35. vgl. hierzu Fischer 1981, S. 76

36. vgl. dazu Wong 1986, S. 89-91 und Petras / Morley 1978, S. 169

37. vgl. Normas comunitarias 1987, S. 10

38. vgl. hierzu Knipper, 15. Mai 1987, S. 11

39. vgl. hierzu Inter-American Development Bank 1984, S. 64-65 und Puyana de Palacios 1982, S. 152-159

40. vgl. Normas comunitarias 1987, S. 6-7

41. vgl. Inter-American Development Bank 1984, S. 51-54

42. vgl. Inter-American Development Bank 1986, S. 63

43. vgl. Normas comunitarias 1987, S. 9

44. vgl. hierzu Wong 1986, S. 60

45. vgl. dazu Hojman 1981, S. 147-151

46. vgl. Normas comunitarias 1987, S. 4-5

KAPITEL 4

WIRTSCHAFTLICHE RAHMENBEDINGUNGEN, POLITISCHE FAKTOREN
UND SOZIOÖKONOMISCHE VARIABLEN DER INTEGRATION

4.1 DIE WIRTSCHAFTLICHEN RAHMENBEDINGUNGEN IM ANDENPAKT

Dieses Kapitel thematisiert zwei Bereiche der wirtschaftlichen
Rahmenbedingungen, die den Verlauf der andinen Integration und
die Änderung der Programmatik wesentlich beeinflußt haben, und
zwar (a) die Unterschiede in Struktur und Entwicklungsniveau
zwischen den Andenländern, und (b) die Veränderungen in den
internationalen wirtschaftlichen Bedingungen seit 1969, die durch
die internationale wirtschaftliche Krise, den neuen Protektionismus der Industrieländer, sinkende ausländische Investitionen in
Lateinamerika und die Verschuldungskrise des Subkontinents gekennzeichnet sind.

Die Prämisse der Angleichung des wirtschaftlichen Entwicklungs-
standes ist sowohl im theoretischen Integrationskonzept implizit
enthalten als auch ein erklärtes Ziel der Andengruppe. Im Verlauf
der Andenintegration fand jedoch entgegen diesem Ziel ein Trend
der wirtschaftlichen Differenzierung statt. Die Weltbank rechnet
zwar alle fünf Mitgliedsländer der Andengruppe der Ländergruppe
mittleren Einkommens zu[1], jedoch existieren gravierende
Unterschiede zwischen den Staaten in wirtschaftlicher und struktureller Hinsicht. In der 1987 nach Höhe des Pro-Kopf-Einkommens
aufgestellten Länderliste des Weltentwicklungsberichts rangiert
Bolivien an 39. Stelle von 128 Ländern, Peru an 61., Ecuador an
65., Kolumbien auf 69. und Venezuela auf 87. Stelle.[2]

Die Spanne des Pro-Kopf-Einkommens im Jahr 1985 reichte von 470
US-Dollar in Bolivien, über 1.010 Dollar in Peru, 1.160 Dollar in
Ecuador, 1.320 Dollar in Kolumbien bis 3.080 Dollar in

Venezuela.[3] Das Pro-Kopf-Einkommen in Venezuela, dem reichsten
der Andenpaktländer, war mehr als 6,5 mal (im Vergleich 1969: 5
mal)[4] so hoch wie in Bolivien. Im Jahr 1985 entfielen mit 116.380
Dollar auf Kolumbien und Venezuela 72 Prozent des gesamten
Bruttoinlandsprodukts der fünf Länder gegenüber 67 Prozent
(13.860 Dollar) im Jahr 1965 (siehe Tabelle 1). Die Kluft
zwischen Kolumbien und Venezuela auf der einen Seite und
Bolivien, Ecuador und Peru auf der anderen Seite liegt in der
unterschiedlichen Produktionsstruktur begründet: Die beiden großen Länder vereinigten 1979 zusammen mehr Exporte außerhalb des
Rohstoffbereichs auf sich als die drei kleineren Länder.[5] Diese
Zahlen belegen deutlich, daß sich die Kluft des wirtschaftlichen
Wohlstands zwischen den Mitgliedern seit der Zeit der Gründung
vergrößert hat.

Zwischen 1965 und 1985 hat Ecuador mit 3,5 Prozent die größte
durchschnittliche Wachstumsrate des Pro-Kopf-Einkommens pro Jahr
erzielt, gefolgt von Kolumbien mit 2,9 Prozent, Venezuela mit 0,5
Prozent, Peru mit 0,2 und Bolivien mit -0,2 Prozent[6] (siehe
Tabelle 1). Zwischen 1970 und 1977 wuchsen die Ausfuhren Ecuadors
in die Region um das Sechsfache.[7] Damit war das Land in der Lage,
seine schlechte wirtschaftliche Ausgangsposition in der
Andengruppe zu verbessern. Ecuador gehörte 1969 zusammen mit
Bolivien zu den weniger entwickelten Ländern der Andengruppe,
denen ein Sonderstatus zugebilligt wurde. Die uneinheitliche
Entwicklung Boliviens und Ecuadors wirft die Frage nach den
Hintergründen dieser Entwicklung auf. Da die Vergünstigungen
unter dem Sonderstatus - in den Bereichen, in denen sie tatsäch-
lich implementiert wurden - beiden Ländern gleichermaßen zugäng-
lich waren, muß angenommen werden, daß für das Wachstum Ecuadors
die günstigeren wirtschaftlichen Bedingungen, insbesondere die
gestiegenen Erdölpreise eine entscheidende Rolle spielten. Frag-
lich bleibt, ob das Land ohne eine Mitgliedschaft im Andenpakt
eine ähnliche Entwicklung genommen hätte.[8]

In Bolivien treffen mit der Binnenlage des Landes und einer fehlenden tragfähigen Infrastruktur mehrere negative Voraussetzungen zusammen. Weiterhin hat sich in Bolivien weder ein industrielles Bürgertum gebildet, noch verfügt es über einen effizienten Verwaltungsapparat.[9] Die starke wirtschaftliche Bindung des Landes an Brasilien verhindert eine eindeutige Orientierung zur Andengruppe. Die fehlende politische Kontinuität und die krassen sozialen und wirtschaftlichen Gegensätze zwischen den drei großen Gruppen des Landes - der armen Schicht der Indios, den wirtschaftlich dominanten Weißen und der machtlosen Gruppe der Mestizen - verhindern jeglichen gesellschaftlichen und politischen Konsens. Im Fall Boliviens muß bezweifelt werden, ob die regionale Integration eine Antwort auf die vielfältigen Probleme des Landes geben kann.[10]

Die Unterschiede in den Entwicklungsniveaus der Länder legen unterschiedliche entwicklungspolitische Strategien nahe, aus denen sich die abweichenden Interessen der Länder und Akteure am Zusammenschluß erklären und aus denen der Stellenwert der andinen Integration in der Politik der Machteliten der Mitgliedsländer abgeleitet werden kann (vgl. auch Abschnitt 4.3). Im Rahmen des Andenpakts gab Kolumbien dem schnellen Abbau der Handelsschranken Priorität über eine gemeinsame Industrieplanung, da die Industrie des Landes relativ wettbewerbsfähig war und Interesse an der Erschließung neuer Märkte zeigte. Das Land war zwischen 1970 und 1981 in der Lage, seine Exporte in die Region um nahezu das Siebenfache zu steigern (vgl. Tabelle 2). Im Jahre 1985 wickelte Kolumbien 33 Prozent der Ausfuhren und 44 Prozent der Einfuhren ab und war damit der größte Importeur und nach Venezuela der zweitgrößte Exporteur der Andengruppe (siehe Tabelle 3). Kolumbien trat ebenfalls für einen geringen Schutz der einheimischen Industrien und für Handlungsfreiheit und Autonomie der gemeinsamen Institutionen ein.[11]

Peru und Venezuela, deren Industrien die Konkurrenz der Kolumbianer fürchteten, bremsten das Tempo der Handelsliberalisierung. Sie traten für eine protektionistische Politik, indem sie auf eine Beibehaltung der hohen Zölle zum Schutz ihrer kostenintensiven Produktion drängten. Die Industriellenverbände Perus und Venezuelas – die »Sociedad Nacional de Industrias« und die »FEDECAMARAS« – leisteten den stärksten Widerstand gegen das Handelsliberalisierungsprojekt des Pakts. Den »FEDECAMARAS« gelang es, die venezolanische Regierung von ihren Bedenken zu überzeugen und sie bis 1973 vom Beitritt zum Andenpakt abzuhalten. Die entwicklungsnationalistisch orientierte peruanische Militärregierung, die weniger Partizipation gesellschaftlicher Gruppen zuließ als die venezolanische, setzte ihren Beitrittsentschluß gegen die Lobby der Unternehmerverbände durch.[12]

Für Bolivien brachte die Handelserleichterung keinerlei Vorteile, da das Land keine exportfähige Industrie besaß. Aus diesem Grund lagen die Erwartungen Boliviens, wie auch die Ecuadors, im Aufbau einer nationalen Industrie mittels der industriellen Planung (SPIDs) und damit im Ausbau der planerischen und dirigistischen Elemente der Gemeinschaft. Das Interesse an den SPIDs teilten sie mit Venezuela und Peru. Kolumbien dagegen äußerte Zweifel an der industriellen Planung und verzögerte ab 1972 aktiv die Ausarbeitung und Umsetzung der Projekte. Kolumbien betrachtete die Kosten einer Allokation industrieller Produktion nach Gleichverteilungskriterien als zu hoch. Die Politiker des Landes waren nicht bereit, zugunsten eines anderen Mitgliedslandes auf Produktionsstätten zu verzichten, die sich in Kolumbien ohne die Standortplanung wegen der besseren Infrastruktur des Landes niedergelassen hätten.[13]

Venezuela hat aufgrund seiner Abhängigkeit von Erdölexporten und der geringen industriellen Differenzierung die stärksten bilateralen Wirtschaftsbeziehungen außerhalb der Andengruppe. Aus diesem Grund war ein gemeinsamer Außentarif nicht im Interesse

des Landes. Bei den Verhandlungen über den CET, die schließlich
1980 scheiterten, setzte sich die venezolanische Regierung für
eine Implementierung des Außentarifs im Rahmen eines gemeinsamen
LAFTA-Außentarifs ein, dessen Zustandekommen zu diesem Zeitpunkt
jedoch sehr unwahrscheinlich war. [14]

Die Konflikte zwischen den Mitgliedern über das Maß von Protektionismus und Planung auf der einen Seite und Wirtschafts-
liberalisierung auf der anderen Seite zog sich als roter Faden
durch den gesamten wirtschaftspolitischen Prozeß der Andengruppe.
Die unterschiedlichen Positionen der Länder spiegeln die bestehen-
enden Unterschiede wieder und sind somit eine Manifestierung der
Probleme, die sich aus der Heterogenität der Staaten ergeben.
Größe und wirtschaftliche Struktur eines Landes sind ein Faktor,
der die politischen Tendenzen zum Protektionismus oder zum
Wirtschaftsliberalismus beeinflußt. Ein weiterer gewichtiger
Faktor, der auf den Verlauf der Andenpaktpolitik Einfluß nahm,
ist die Entwicklung der weltwirtschaftlichen Bedingungen seit
1969.

Die Andenstaaten praktizierten traditionell eine Politik der
importsubstituierenden Industrialisierung. Als Ende der 60er
Jahre die Grenzen dieser Politik in Form zu kleiner Märkte von
den betroffenen Ländern erkannt wurden, unternahmen sie in Anlehnung an die Empfehlungen der CEPAL Anstrengungen, dieser Restrik-
tion durch Markterweiterung in Form regionaler Zusammenschlüsse
zu begegnen (vgl. Abschnitte 2.3 und 3.2).

Kolumbien nimmt mit seiner Entwicklungsstrategie unter den Anden-
paktländern eine Ausnahmeposition ein. Dort wurde bereits mit der
Regierungsübernahme des Präsidenten Lleras Restrepo im Jahre 1966
mit einer Politik der Exportdiversifizierung begonnen. Neben
einer Ausdehnung der Produktion auf nicht-traditionelle Produkte
und auf vor- und nachgelagerte Produktionsbereiche beinhaltete
diese Politik auch makroökonomische Maßnahmen. Die Maßnahmen

hatten zum Ziel, die internationale Wettbewerbsfähigkeit des
Landes zu stärken und umfassten die Abwertung des Wechselkurses,
Geldmengenrestriktionen, Investitionsförderung im produktiven Be-
reich und die Erschließung neuer Distributionswege. [15]

Mit der Ölkrise im Jahre 1973 wurden Strukturveränderungen auch
in den anderen Volkswirtschaften der Andenländer zur Notwendigkeit. Besonders betroffen von der Krise waren die erdölimpor-
tierenden Länder Bolivien und Peru. Sie mußten ihre Deviseneinnahmen durch gesteigerte Exporte erhöhen. Um Devisenausgaben
zu verringern, mußten sie den Energiekonsum drosseln. Da sich im
Andenpakt sowohl Erdölexporteure als auch Importeure zusammen-
geschlossen hatten, wirkte sich die 73er Krise zunächst förder-
lich für den Binnenhandel der Mitglieder aus. Als sich Mitte der
70er Jahre in der Folge der Ölkrise die Kreditflüsse durch das
Eurodollar- und Petrodollar-Recycling vermehrten, manifestierte
sich in der Andengruppe eine steigende wirtschaftliche Orientierung außerhalb der Gruppe. Mit der Krediterweiterung und dem
erhöhten Zufluß an Devisen durch Erdölexporte trat die Notwendigkeit der Strukturreformen in den Hintergrund: Anstrengungen zur
Diversifizierung der Produktion und der Exporte verloren an
Priorität, da Technologieimporte ohne Schwierigkeiten mit Hilfe
von Krediten finanziert wurden. [16]

Kennzeichnend für die 70er Jahre war auch die Vernachlässigung
der Anpassung und Umstrukturierung des produktiven Sektors zugunsten eines »Wachstums durch Großprojekte«, das hohe Importe
und Kapitalzuflüsse erforderlich machte. [17] Im Rahmen des
Andenpaktes scheiterten die Einigungsversuche über die sektorale
Industrieplanung und die Einrichtung des Binnenmarktes nicht
zuletzt aufgrund der leichten Verfügbarkeit von Auslandskrediten,
die kurzfristig den Druck zu Strukturreformen minderten.

Die Verschuldungskrise im Jahre 1982 verursachte einen starken
Rückgang des Handelsvolumens. Die entstehende Stagflation mit

Wachstumseinbrüchen und horrenden Inflationsraten traf Bolivien
und Peru, die Länder ohne Erdölproduktion und mit kleinen Märkten, besonders drastisch. In Peru stieg der Verbraucherpreisindex
von 32,0 im Jahre 1980 auf 163,4 im Jahre 1985.[18] In der gleichen
Zeitspanne fiel das wirtschaftliche Wachstum des Landes um 1,6
Prozent.[19] Die Preissteigerungen und Wachstumseinbrüche in
Bolivien waren noch einschneidender. Der Verbraucherpreisindex
des Landes betrug im Jahr 1980 20,3 und erreichte 1985 ebenfalls
seinen Höhepunkt mit 11.749,6.[20] In derselben Periode sank das
Bruttoinlandsprodukt um 4,5 Prozent[21] (siehe Tabelle 4).

In der Andengruppe schrumpfte das Volumen des intra-regionalen
Handels zwischen 1980 und 1985 um 42,6 Prozent von 1.303
Milliarden Dollar auf 754 Millionen Dollar.[22] Effektiv bedeutete
diese negative Entwicklung des Warenaustausches den Zusammenbruch
der Wirtschaftsbeziehungen innerhalb der Gruppe. Mitte der 80er
Jahre begannen Anstrengungen der Organe des Andenpakts, die
Institutionen des Vertrages von Cartagena den neuen Bedingungen
innerhalb und außerhalb der Subregion anzupassen.[23] Diese
Bemühungen resultierten 1987 im »Protocolo Modificatorio«, das
eine Flexibilisierung der Instrumente der Integration
vereinbarte, um die Bedingungen für einen erneuten Aufschwung des
wirtschaftlichen Wachstums zu schaffen (vgl. Abschnitte 3.4 und
3.5)

4.2 DIE POLITISCHE KONSTELLATION:
DAS ZUSAMMENTREFFEN ENTWICKLUNGSNATIONALISTISCHER REGIME

Eine wesentliche Voraussetzung für das Funktionieren eines
Integrationsprojekts ist ein Mindestmaß an Konsensfähigkeit der
nationalen Regierungen in Bezug auf gemeinsame Projekte. Diese
Übereinstimmung ist besonders bei einem geringen Grad an politischer Integration wichtig, d.h. in Gruppierungen, in denen die

Entscheidungsfähigkeit der Gemeinschaftsorgane relativ gering,
die der nationalen Regierungen dagegen relativ groß ist. Ein
Mangel an Konsensfähigkeit lähmt gemeinsame Entscheidungen und
setzt die Gemeinschaft der Gefahr aus, die eigene Zielsetzung
nicht zu erfüllen. Diese Konsensfähigkeit war in der Andengruppe
- zumindest zeitweise - erheblich bedroht.

Die Gruppe hat ihre Existenz unter anderem dem zeitlichen Zusammentreffen entwicklungsnationalistisch orientierter Regierungen in der Region zu verdanken, deren wirtschaftspolitisches
Konzept sich auf die Lehren der CEPAL stützte (vgl. Abschnitt
2.3). Der von Milensky geprägte Begriff des Entwicklungsnationalismus (developmental nationalism) bezieht sich auf politische
und wirtschaftliche Eliten , die die Integration als ein Instrument betrachten, die eigene nationale und ökonomische Entwicklung
voranzutreiben (siehe Abschnitt 4.3). Die bestehenden sozialen
und politischen Strukturen bleiben nach Milensky dabei gewöhnlich
weitgehend unberührt.

Der Entwicklungsnationalismus erhält im Sinne dieser Eliten eine
doppelte Funktion: In Anlehnung an die cepalistische Schule soll
der Zusammenschluß mehrerer kleiner und mittlerer Staaten die
wirtschaftliche und politische Verhandlungsmacht gegenüber Dritt-
staaten und ausländischen Konzernen steigern und damit nach außen
eine größere Unabhängigkeit schaffen. Gleichzeitig soll im
nationalstaatlichen Rahmen eine wirtschaftliche Entwicklung
forciert werden, in der dem industriellen Wachstum eine zentrale
Rolle zugedacht ist. Die nationalen Eliten erwarten von den
Partnerländern eine wachstumanregende Wirkung, die aus der
Zusammenlegung der Märkte und der resultierenden Steigerung der
eigenen Absatzchancen erfolgen soll.[24]

Besonders ausgeprägte entwicklungsnationalistische Tendenzen be-
standen während der Gründungsphase des Andenpakts in Peru,
Bolivien und Chile. Zwar unterschieden sich die Regime in Bezug

auf Verteilungpolitik und staatliche Eingriffe in die Wirtschaft; sie waren sich jedoch über die wichtige Rolle einig, die die Integration für die Entwicklung der Andenstaaten spielen könnte. Die Koexistenz von Regimen, die eine entwicklungsnationalistische Philosophie vertraten, erleichterte die politische Einigung über einen supranationalen Zusammenschluß.

Als mit Beginn der /0er Jahre die entwicklungsnationalistischen Regierungen geschwächt oder von Militärs aus dem Amt geputscht wurden, setzte in der Region ein Prozeß der Denationalisierung ein. [25] Diese Entwicklung hatte drastische Rückwirkungen auf die politische Manövrierfähigkeit des Paktes, das Durchsetzungsvermögen der Integrationisten in den Mitgliedsländern, und vor allen Dingen auf die Umsetzung der Programmpunkte. Die gemeinsame Politik gegenüber ausländischem Kapital war besonders von dieser »Wende« betroffen.

In Peru war mit dem Militär 1968 die reformistische Velasco-Regierung an die Macht gekommen, die eine Politik der Nationalisierung und der nationalen Industrialisierung verfolgte. Neben Partizipation war das erklärte Ziel dieser Regierung die Schaffung von Einkommen durch eine Transformation der Auslandsabhängigkeit in eine national kontrollierte selbsttragende Akkumulationsstruktur. Der Staat initiierte weitreichende Enteignungen von Agroexporteuren, Großgrundbesitzern der Sierra und von ausländischen Gesellschaften im Kupfer- und Erdölsektor. Er übernahm ebenfalls die Geschäftsführung wichtiger Banken und die Vermarktung von Agrarexporten. [26]

Zugleich unterstützte die Regierung Velascos Anstrengungen zur regionalen Integration, die als Chance erkannt wurde, die Position der einheimischen Unternehmen und damit die nationale kapitalistische Entwicklung gegenüber dem ausländischen Kapital durch die Erweiterung des Binnenmarktes zu stärken. In diesem Zusammenhang war seine Regierung bestrebt, die nationalen Unter-

nehmer aus ihrer Verstrickung mit dem ausländischen Kapital zu
lösen, um sie als soziale Trägerschicht und ökonomischen Motor
für ihr Projekt zu gewinnen. Dazu sollte die Decisión 24 (vgl.
Abschnitt 3.3) beitragen, die unverzüglich in peruanisches Recht
umgesetzt wurde. [27]

In Bolivien hatten sich die Militärs nach dem Sturz der Paz
Estenssoro Regierung im Jahre 1964 zu den entwicklungsnationa-
listischen Zielen der gestürzten Regierung bekannt. In der
Realität verfolgten sie jedoch eine orthodoxe Politik der
Exportorientierung, die bereits von den MNR-Regierungen[28] vor
1964 in Gang gesetzt wurde. Eine besonders ausgeprägte Politik
der abhängigen Entwicklung wurde von den Regierungen der Generäle
Barrientos (1964 bis 1968) und Banzer (1971 bis 1978) verfolgt.
Die Politik der Regierungen Ovando (1969 bis 1970) und Torres
(1970 bis 1971) dagegen folgten mit Boliviens Beitritt zum Anden-
pakt dem peruanischen Beispiel einer stärker entwicklungs-
nationalistisch geprägten Politik wirtschaftlichen Wachstums. [29]
Ein überragendes Motiv für den bolivianischen Beitritt war die
Hoffnung dieses Binnenlandes, mit seiner Mitgliedschaft in der
Andengruppe den Zugang zum Meer zu erwerben. [30]

In Chile führten die Regierungen Frei (1964 bis 1970) und Allende
(1970 bis 1973) eine Politik des sozio-ökonomischen Wandels
durch. Beide propagierten die Nationalisierung des Kupfers, eine
Agrarreform, Umverteilungsmaßnahmen, die Verbesserung der
sozialen Infrastruktur, die Mobilisierung breiter Bevölkerungs-
schichten und den Ausbau des staatlichen Sektors - wenn auch mit
unterschiedlichen gesellschaftspolitischen Vorstellungen. Sowohl
Frei als auch Allende unternahmen Anstrengungen zur Kontrolle und
Beschränkung ausländischen Kapitals und waren bestrebt, den
intraregionalen Handel auszuweiten und die Entwicklung komple-
mentärer Industrie zu fördern. Letztere Anstrengungen reihen sich
in die Bestrebungen des Andenpakts ein, der von diesen Regierungen mit initiiert bzw. aufgebaut wurde. [31]

Nach einer Periode begrenzter, von der Allianz für den
Fortschritt inspirierter Reformen der ecuadorianischen Militärs,
die bis 1968 andauerte, folgte eine profillose Zivilregierung,
die 1972 gestürzt wurde. Nach einer erneuten Übernahme der Macht
durch die Militärs legte die »revolutionäre, nationale« Regierung
des Generals Rodriguez Lara (1972 bis 1975) ein ambitiöses
Reformpaket vor, das Schritte zur Verringerung der Auslandsabhängigkeit vorsah und das die steigenden Erdölerträge zur Basis
einer Entwicklung im Interesse der breiten Masse nutzen wollte,
was jedoch nur bedingt gelang. In der regionalistischen Strategie
sah man eine Möglichkeit, die Ungleichheiten der industriellen
Entwicklung in der Region zu mindern. [32]

Bis 1967 betrieben in Kolumbien die am System der Machtaufteilung
beteiligten Parteien des "Frente Nacional", die Liberalen und die
Konservativen, eine Politik der nach innen gerichteten Entwicklung durch Importsubstitution. Mit der Regierung Lleras Restrepo
änderte sich die Wirtschaftspolitik im Jahre 1966: Eine Tendenz
zur außenwirtschaftlichen Liberalisierung setzte ein, begleitet
von einer staatlichen Exportförderungsstrategie, die die Minde-
rung der Abhängigkeit von Kaffeexporten, die Diversifizierung
der Agrarexporte, die Förderung des modernen Agrarsektors, und
die Schaffung von Beschäftigungsimpulsen zum Ziel hatte. Die
Regierung López (1974 bis 1978) brach endgültig mit dem Konzept
der nach innen gerichteten Entwicklung. Seit Mitte der 70er Jahre
orientierte sich die kolumbianische Wirtschaftspolitik an einem
neoliberalen Wirtschaftsmodell, das die traditionellen Export-
sektoren, die arbeitsintensiven Branchen und die Agro(export)-
industrie betont. Gleichzeitig wurden Protektionismus, Staats-
interventionen und Subventionen des Massenkonsums weitgehend
abgebaut. [33] Die kolumbianischen Regierungen versprachen sich von
der Mitgliedschaft Kolumbiens zum Andenpakt exportfördernde
Effekte.

Venezuela fällt in Bezug auf den »nationalistischen Konsensus«
aus der Rolle, da das Land dem Pakt erst 1973 beitrat. Trotzdem
die venezolanische Regierung die Andengruppe mit initiierte und
dem Integrationsprojekt positiv gegenüberstand, war der mächtige
Unternehmerverband des Landes, FEDECAMARAS, in der Lage, die
Regierung von der Unterzeichnung des Vertrages abzubringen. Die
Opposition der Industriellen gegen den Pakt resultierte aus der
Befürchtung, die wenig wettbewerbsfähige Industrie des Landes
könnte durch den Abbau der Zölle von den effizienteren Industrien
Chiles und Kolumbiens zerstört werden. [34]

Mit der Regierung von Carlos Andres Perez (1973 bis 1979) begann
eine Phase der entwicklungsnationalistischen Orientierung, die
besonders durch die ab 1974 sprunghaft gestiegenen Erdöleinnahmen
Aufwind bekam. Die Mehreinnahmen ermöglichten dem Staat eine
höhere Beteiligung an der Erdölproduktion des eigenen Landes. Die
Nationalisierung der Erdölproduktion im Jahre 1976 verbesserte
die Verfügungsgewalt über die eigenen Ressourcen. Groß angelegte
staatliche Investitionsprogramme sollten eine vertikale Integration vorantreiben. Durch die Expansion des kapitalintensiven
Teils der Wirtschaft beabsichtigte die Regierung, die bestehenden
strukturellen Disparitäten zu beseitigen. Der interne Markt
sollte mit Hilfe von staatlichen Beschäftigungsprogrammen, ver-
ordneten Lohnerhöhungen und der Einführung eines Mindestlohns in
der Landwirtschaft ausgeweitet und somit die starke Polarisierung
der venezolanischen Gesellschaft reduziert werden. [35]

Anfang der 70er Jahre setzte ein Trend der Schwächung der regionalistischen Elemente im Andenpakt ein. Diese Schwächung manifestierte sich in der starken Opposition gesellschaftlicher
Kräfte und ausländischer Interessen gegenüber der Kontrolle ausländischen Kapitals und in der Umkehrung entwicklungsnationalistisch orientierter Politik, die in einigen Ländern mit
Regierungswechseln verbunden war. Die neue neoliberale Politik

erwies sich als inkompatible mit den bestehenden Instrumenten der
Integration. [36]

Die Verabschiedung der Decisión 24 ist das Ereignis, an dem sich
innerhalb des Andenpakts eine Veränderung der regionalistischen
Politik am deutlichsten festmachen läßt. Im Juli 1971 trat die
Decisión 24 in Kraft. Im Februar hatten Vertreter der
kolumbianischen Privatwirtschift Druck auf die Regierung ausgeübt, um die Verabschiedung zu verhindern. Im Jahre 1973 erreichten sie ihr Ziel, als der oberste Gerichtshof Kolumbiens das
Gesetz für verfassungswidrig erklärte. In Ecuador wurde bereits
im August des selben Jahres für ausländische Konzerne im
Bankensektor, in der Ölförderung, in öffentlichen Dienstleistungen, Versicherung und im Transportwesen mit Hilfe der Ausnahme-
regelung unter Artikel 44 die Bedingung einer mindestens 51-
prozentigen Beteiligung andinischen Kapitals abgeschafft. Eine
ähnliche Ausnahme wurde multinationalen Konzernen in Peru
gewährt. Im August 1971 stürzte General Banzer das
nationalistisch orientierte Torres-Regime in Bolivien und begann
seine Politik der abhängigen Entwicklung mit einem Abbremsen der
Umsetzung der Decisión 24 und einer Öffnung des Landes gegenüber
ausländischem Kapital. [37]

Der Sturz der Allende Regierung in Chile bedeutete einen weiteren
Schlag gegen den Regionalismus. Die Pinochet-Regierung leitete
eine Politik der Denationalisierung und der Öffnung nach außen
ein, indem sie Staatseigentum reprivatisierte und ausländische
Investitionen in ehemals staatlichen Unternehmen förderte. Der
Andenpakt billigte diesen Alleingang Chiles formal, als das
Sekretariat des Paktes im April 1976 das Verbot für ausländischen
Investoren aufhob, in regionalen Händen befindliche Unternehmen
aufzukaufen. [38] Die chilenische Regierung lehnte 1976 ebenfalls
zwei Vorschläge zur Einführung eines gemeinsamen Außentarifs ab
und trat im selben Jahr aus dem Pakt aus.

Die Amtsenthebung Velascos durch eine wirtschaftsliberale Frak-
tion des Militärs unter der Führung des Generals und Monetaristen
Morales Bermúdez im August 1975 markierte die Erosion des peruanischen nationalistischen Projekts. Nach der Ausschaltung der in
der Regierung verbliebenen Reformer wurde unter Anleitung von
IWF-Beratern eine drastische Austeritätspolitik eingeleitet und
die Reformen der ersten Phase der Militärherrschaft abgebaut.
Auch die Wirtschaftspolitik des 1980 gewählten Präsidenten
Belaúnde Terry orientierte sich am neoliberalen Modell, das mit
Hilfe staatlicher Repression durchgesetzt wurde. Die Industrie
wurde dem freien Spiel der Marktkräfte überlassen. Die Regierung
lenkte ausländische Investitionen in den Metall- und Ölsektor und
reduzierte die Inlandsnachfrage durch eine Reallohnsenkung und
die Reduzierung von Staatsausgaben. [39]

Auch in Venezuela überdauerte der Entwicklungsnationalismus die
70er Jahre nicht. Gegen Ende der Pérez gefährdete eine steigende
Inflation (1979: 12,3%; 1980: 23,6%) die staatlichen Investitionsprogramme und verschlechterte die soziale Lage der Bevölkerung. Ende 1977 wurden die Bestimmungen der Decisión 24 auf
gleiche Weise aufgeweicht wie in den anderen Ländern der
Andengruppe. [40] Nach dem Machtwechsel 1979 reprivatisierte die
neue Regierung eine große Anzahl staatlicher Betriebe außerhalb
des Grundstoffbereichs und beendete Preisbindungen für Nahrungsmittel. Damit hatte der venezolanische Staat seine entwicklungspolitischen Steuerungsansprüche aufgehoben. [41]

Zusammengefaßt wurde die Gründung des Andenpakts und die ersten
Jahre seiner Entwicklung zum großen Teil durch das Zusammen-
treffen entwicklungsnationalistisch orientierter Regime in der
Region und die resultierende Kongruenz politischer Vorstellungen
aufgrund ähnlicher Interessenstrukturen ermöglicht. Als jedoch im
Laufe der 70er Jahre nach inneren Konflikten, wachsenden wirt-
schaftlichen Schwierigkeiten und äußerer Intervention diese
Politik revidiert und einige der Regime abgelöst wurden, ver-

ringerte sich gleichzeitig das "commitment" der nationalen Regierungen gegenüber der gemeinsamen Politik des Andenpaktes. Ein
Prozeß der Denationalisierung trat ein, da die neuen Regime eine
in der Tendenz sehr viel liberalere Wirtschaftspolitik verfolgten. Da der neue Neoliberalismus im Widerspruch zu dirigistischen Maßnahmen des Andenpakts stand, verlor der Andenpakt
innerhalb der Staatsklasse einen großen Teil der politischen
Unterstützung, den er zu Zeiten entwicklungsnationalistisch
orientierter Regime genoß.

Die Umkehrung des regionalistischen Trends bedeutete gleichzeitig
- wenn nicht rhetorisch so doch faktisch - die Abkehr von den
Zielen und zentralen Prämissen des Andenpakts. So wurden z.B. die
Bestimmungen der Entscheidung 24 - die einen hohen Grad staatlicher Partizipation im Wirtschaftsgeschehen und eine wachsende
Verantwortung auf Seiten der regionalen Institutionen voraus-
setzten, verändert und abgebaut.

4.3 DIE INTERESSEN DER AKTEURE

An dieser Stelle soll untersucht werden, welche gesellschaftlichen Kräfte in den Ländern der Andengruppe Einfluß auf
die regionale Integration nahmen und welches die Interessen
dieser Akteure an der Integration sind. Diese Faktoren sind für
die Erklärung des Verlaufs des Integrationsprozesses von
erheblicher Bedeutung, da "die wichtigste Bedingung für Inte-
grationserfolg [...] das Interesse der politisch-wirtschaftlichen Gruppierungen an der Integration [ist]."[42] Vier Gruppen
von Akteuren beeinflußen die Politik des Andenpakts direkt oder
indirekt: bürgerliche Politiker, die Wirtschaftstechnokraten,
die Unternehmerverbände und die Gewerkschaften.

Während unter diesen gesellschaftlichen Gruppen in der Regel ein
positives Interesse an der Integration besteht, sehen die folgenden Gruppierungen - in der Hauptsache traditionelle gesellschaftliche, politische und wirtschaftliche Kräfte - ihre Interessen bedroht und leisten daher den Veränderungen Widerstand:

"(a) Los vinculados a la estrutura tradicional, o a ramas
estáticas y vegetativas, poco productivas o deficitarias: pro-
ductores agropecuarios; exportadores e importadores, inter-
mediarios; pequeña y mediana industria.
 (b) Burocracia pública y privada de viejo tipo.
 (c) Fuercas Armadas.
 (d) Partidos Políticos que responden a grupos tradicion-
ales, se hallan inspirados por variantes particulares del des-
arrollismo y del nacionalpopulismo, parte considerable de la
Vieja y Nueva Izquierda [...].
 (e) Empresas extranjeras con inversiones primario-
exportadores y desdén por mercado interno y la industrialización
substituiva."[43]

Das Konzept des Andenpakts entstammt einer Gruppe von
Politikern, die beabsichtigten, mit Hilfe von Reformen die
Probleme der Unterentwicklung zu mindern. Diese Politiker arbei-
teten mit einer supranationalen Gruppe von Technokraten zusammen, die der CEPAL nahestand, und die bereits bei der
Gründung der LAFTA und des Gemeinsamen Mittelamerikanischen
Marktes Pate standen (vgl. Abschnitt 2.3). Die beiden Gruppen
- Politiker und Technokraten - bildeten eine neue reformistische
Elite der 60er Jahre, die das Ziel des wirtschaftlichen Wachs-
tums durch Importsubstitution auf ihre Fahnen geschrieben
hatten, und die die begrenzten nationalen Märkte als
beträchtliches Hindernis im Wachstumsprozesses identifizier-
ten.[44] Der Einfluß der Technokraten auf die Andenpaktpolitik der
Regierungen war jedoch begrenzt, da sie mit der Implementierung
ihrer Integrationsstrategie auf die Politiker an den Hebeln der
Macht angewiesen waren.

Die Akteure in den Staatsapparaten waren daher die treibenden
Kräfte in der formativen Phase der Gemeinschaft. Da die

Planungsministerien in vielen Fällen direkt dem Präsidentenamt
angeschlossen waren, neigten Pläne jedoch dazu, sich mit neuen
Präsidenten zu verändern[45], sodaß eine Basis für stabile
Beziehungen und ein kontinuierliches Engagement von Seiten der
nationalen Regierungen gegenüber der Junta und den Institutionen
der Integration nicht gegeben war.

Puyana de Palacios verwendet den Begriff der »Elite« im Zusammenhang mit der Gründung des Andenpakts auch, um den Vorgang der
Integration als eine »Reform von oben« zu charakterisieren, wie
sie im Rahmen der Allianz für den Fortschritt stattfanden:

> "No importance was attached to Andean integration by any
> political or trade union movement or by any industrial
> association; public feeling was not behind it, nor was it
> promoted by any political party. The initiative came from
> an »enlightened group« which, to borrow an example dear
> to Max Weber, felt that structural reforms could be
> achieved by way of institutional reforms, which by their
> nature tend to be imposed from above."[46]

Lopez Casero und Waldmann kommen in einer Befragung von
Unternehmern, Staatsbürokraten und Gewerkschaftern in den
Mitgliedsländern ebenfalls zu dem Schluß, daß der Andenpakt von
einer kleinen Elite innerhalb des Staatsapparats und - in
geringerem Maße - in der industriellen Bourgeoisie gefördert und
getragen wird, während Gewerkschaften am Andenpakt relativ
geringes Interesse zeigen.[47]

Puyana de Palacios geht noch einen Schritt weiter, indem sie die
Andenintegration als persönliches Unterfangen der Präsidenten
Chiles, Kolumbiens und Venezuelas darstellt, die versuchten,
ihre nationalen Führungspositionen durch die Förderung ihres
internationalen Prestiges zu stärken. So habe zwar der liberale
kolumbianische Präsident Lleras die Führung der integrationistischen Bewegung übernommen und sie als Instrument zur
Unterstützung des wirtschaftlichen Wachstum präsentiert, jedoch
identifizierte Lleras die Kampagne für Integration zu stark mit

seiner eigenen Person und begrenzte so von vornherein die
Möglichkeit für Kontinuität. Für den Konservativen Pastrana, der
1970 die Regierungsgeschäfte in Kolumbien übernahm, hätte die
Weiterführung der integrationistischen Linie einen Prestige-
verlust bedeutet, weil sie keine Alternative zur Politik Lleras'
anbot.[48]

Ein ähnliches Muster politischer Verhaltensweise sieht Puyana de
Palacios in Chile, wo die Integration unter Präsident Frei
initiiert und später durch die Unidad Popular Regierung
weiterverfolgt wurde, in deren entwicklungspolitisches Konzept
der Andenpakt paßte. Der Bruch der Pinochet-Regierung mit dem
Andenpakt im Jahr 1976 geschah im Rahmen eines Konflikts um die
Festsetzung eines Außentarifs; gleichzeitig interpretiert sie
den Austritt Chiles unter Pinochet als einen Schritt der Distan-
zierung von der entwicklungsnationalistisch orientierten Politik
Allendes.

Der venezolanische Präsident Leoni, der die Integration ebenfalls im Alleingang und ohne Unterstützung seiner Partei oder
anderer Interessengruppen die Integration vorangetrieben hatte,
stand zum Gründungszeitpunkt der mächtigen Industriellenlobby
der FEDECAMARAS allein gegenüber, die schließlich den Beitritt
bis 1973 verhindern konnte.[49]

Puyanas de Palacios' Erklärungsansatz ist zwar geeignet, die
Diskontinuitäten in der Entstehungsphase und während der ersten
Jahre des Andenpakts zu erklären, jedoch ist er nicht in der
Lage, verschiedenen Interessenlagen und den unterschiedlichen
Kräften, die die zwanzigjährige Entwicklung der Gruppe beeinflußten, Rechnung zu tragen. Axline[50] bietet ein
differenzierteres Modell, das die verschiedenen Interessenlagen
und Verhandlungspositionen gesellschaftlicher Gruppen im Rahmen
integrativer Maßnahmen mit entwicklungspolitischer Zielsetzung
in einem Gesamtzusammenhang präsentiert.

Axline betont, daß diejenigen subnationalen Gruppen am stärksten betroffen sind, die direkte Vor- oder Nachteile aus der Integration ziehen und Zugang zum politischen Prozess auf der nationalen bzw. regionalen Ebene haben. Der nationale Privatsektor, dessen Interessen durch Handelskammern und Industriellenverbände vertreten werden, ist neben dem Staatssektor direkt von der regionalen Wirtschaftsintegration betroffen. Der Privatsektor profitiert durch den internen Zollabbau und den erweiterten regionalen Binnenmarkt, der aus dem Zusammenschluß resultiert. Die Bildung einer Freihandelszone (vgl. hierzu Abschnitt 2.1) ist daher eine Maßnahme, die die Unterstützung der lokalen Privatwirtschaft findet. Dagegen ist die Wahrscheinlichkeit, daß diese Gruppe kompensatorische und korrektive Maßnahmen wie die SPIDs und die Decisión 24 akzeptiert, sehr viel geringer, da sie einen Teil ihrer Autonomie im Bereich der betrieblichen Planung an staatliche und regionale Planungskompetenzen abtreten müßten.

Jedoch existieren auch innerhalb der nationalen Privatsektoren differenzierte Interessen. Die Etablierung eines gemeinsamen Außentarifs, der die konstituierende Maßnahme einer jeden Zollunion darstellt (vgl. Abschnitt 2.1), steht den Interessen des Handelssektors der Privatwirtschaft entgegen, da seine traditionell starken Handelsbeziehungen mit den Industrieländern in dem Maße unterbrochen werden, in dem die relativen Preise für Importe aus der Region durch die Erhebung des Protektionszolls sinken.

Die einheimische Industrie hat andererseits ein großes Interesse an einem gemeinsamen Außentarif, der die Produkte der Region gegenüber Importen aus den Industrieländern schützt. Nationale Produzenten unterstützen - angesichts von preislichen, qualitativen und geschmacklichen Unterschieden lokaler Produkte zu Produkten aus Industrieländern - oft Maßnahmen quantitativer Restriktionen, die einen höheren Prtektionsgrad für lokale Produkte bieten als der CET.[51] Daher ist es wahrscheinlich, daß

in den Mitgliedsländern mit einer relativ hohen Industrialisie-
rungsrate - Kolumbien und Venezuela - die Lobby der Industrie
für einen gemeinsamen Außentarif stärker ist als in den weniger
industrialisierten Ländern Bolivien, Ecuador, Peru. In den zuletzt genannten Ländern, deren Handelssektor größeren Einfluß
genießt als die Industrielobby, stößt ein Schutzzoll auf Widerstand.

Da die Privatwirtschaft an möglichst uneingeschränkter Handlungsfreiheit interessiert ist, widersetzt sie sich einer staatlichen bzw. regionalen Verteilungspolitik, die kompensatorische
und korrektive Maßnahmen zum Ziel hat. Im Andenpakt gehören die
SPIDs und die Decisión 24 zum Bereich dieser Maßnahmen.
Diejenigen Teile des privaten Sektors, die mit multinationalen
Interessen verbündet sind, nehmen am ehesten die Position des
externen Sektors ein. In Venezuela war das gemeinsame Vorgehen
der venezolanischen Industrie- und Handelskammer und einer
Gruppe US-amerikanischer Politiker und Unternehmer gegen die
Entscheidung 24 ein Beispiel für eine solche Koalition. [52]
Dagegen sind große Teile der Staatsklassen in Bolivien und
Ecuador an einer aktiven Verteilungspolitik des Andenpakts inte-
ressiert.

Der Einfluß der Gewerkschaften auf den Verlauf der Integration
ist geringer als der der Unternehmerverbände. Das Interesse von
Arbeitnehmerorganisationen dieser Gruppe an Integration als
Instrument zur Durchsetzung gewerkschaftlicher Forderungen ist
gering, weil Integration im Anfangsstadium eher längerfristige
und indirekte Auswirkungen auf die Beschäftigung hat, die
Gewerkschaften jedoch durch ein Engagement auf nationaler Ebene
eher direkte Ergebnisse im sozialen und wirtschaftlichen Bereich
erzielen können. [53]

Diese Einschätzung deckt sich mit dem Ergebniss der Umfrage von
Lopez Casero und Waldmann, die in Gewerkschaften weniger Reso-

nanz zur Andenintegration fanden als unter Politikern und in
Unternehmergruppen. [54] Die Grundeinstellung der Gewerkschaften
bezeichnet Axline als positiv, da Integration beschäftigungs-
fördernde Effekte produziere. Jedoch ist die Haltung einzelner
gewerkschaftlicher Gruppierungen zu konkreten integrativen Maßnahmen abhängig vom Arbeitssektor und der nationalen Zugehörig-
keit. [55] Bei den Verhandlungen über die Änderung des
Andenpaktstatuts stand im Mittelpunkt des gewerkschaftlichen
Beitrags die Forderung nach einer stärkeren Einbeziehung gesellschaftlicher Gruppierungen in den Integrationsprozess. Weiterhin
soll die Andengruppe im Bereich der sozialen Gesetzgebung und
bei der Schaffung von Beschäftigungsmöglichkeiten tätig werden,
die sich bisher in den Andenländern noch nicht realisiert
haben. [56]

Nach Haskel richten sich die Interessen und Verhandlungspositionen von Politikern im Integrationsprozeß tendenziell nach den
nationalen Interessen, die sie vertreten. Je entwickelter die
Industrie eines Landes ist, desto eher neigen die Politiker
dieses Landes zu einer »expansiven« Strategie der Integration:
sie betrachten die absolute Vermehrung des Nutzens für die
Region als vorrangiges Ziel und legen somit den größten Wert auf
eine Erweiterung des Handels. Wie im Fall Boliviens und Ecuadors
verfolgen die Politiker in Ländern mit einem relativ gering
entwickelten industriellen Sektor hingegen eine »distributive«
Strategie, die die Verteilung des Nutzenzuwachses durch
kompensatorische und korrektive Maßnahmen gezielt regelt, um den
Aufbau einer Industrie zu fördern. Gleichzeitig soll vermieden
werden, daß der gesamte Nutzen der Integration den entwickel-
teren Ländern der Gemeinschaft zufällt. [57]

Weiterhin kann das Integrationsinteresse von Politikern durch
die ökonomische und politische Stärke des Landes beeinflußt
werden. [58] So war Venezuelas internationale Verhandlungsposition
dank seiner Einnahmen aus dem Ölgeschäft über lange Zeit die

stärkste in der Andenregion. Deshalb war die Staatsklasse des
Landes weit weniger auf ein Integrationsprojekt angewiesen, um
die eigene Verhandlungsposition international zu stärken, als
Politiker eines ökonomisch schwächeren Landes wie Bolivien. Für
die venezolanische Staatsklasse bedeutet das Aufgeben der
eigenen Autonomie - z. B. in der Außenpolitik und in der Politik
gegenüber ausländischem Kapital - ein größeres Zugeständnis als
für Boliviens Staatsklasse, die von vornherein in den Außen-
beziehungen über weniger Handlungsfreiheit verfügt. Dieser Faktor erklärt zu einem gewissen Grade den verspäteten Beitritt
Venezuelas zum Andenpakt und die relativ starken Beziehungen,
die das Land mit den OPEC-Ländern pflegt.

Das folgende Kapitel stellt sich die Aufgabe, die entwicklungspolitischen Möglichkeiten, die die regionale Integration bietet,
vor dem Hintergrund der sozio-ökonomischen Verhältnisse und
Interessen innerhalb der Mitgliedsländer zu untersuchen.

4.4 DIE INNERE INTEGRATION

Ein gemeinsames Merkmal aller Mitgliedsländer des Andenpakts ist
eine im sozio-ökonomischen Sinn unzureichende nationale
Integration (siehe Definition in Abschnitt 2.1) und heterogene
sozio-ökonomische Strukturen, die durch große Unterschiede in
Einkommen, Konsumniveau, im Zugang zu Bildung und zu politischer
Macht gekennzeichnet sind. Ein Aspekt der mangelhaften inneren
Integration ist die geringe Kaufkraft der breiten Bevölkerung
und der dadurch resultierende enge Binnenmarkt. Nach den CEPAL-
Empfehlungen sollte diesen Problemen mittels einer Erweiterung
des lateinamerikanischen Marktes durch regionale Integration
begegnet werden. Die Marktintegration sollte von strukturellen
Veränderungen im Innern der lateinamerikanischen Volkswirtschaften begleitet sein, die Agrarreformen, Diversifizierung der

Produktionsstrukturen, einen höheren Industrialisierungsgrad, Exportförderung und die Steigerung des Beschäftigungsniveaus zum Ziel haben (vgl. Abschnitte 2.3 und 3.2).

Entgegen der CEPAL-Konzeption wurde im Rahmen des Andenpaktes kein Programm ausgearbeitet, das parallel zur Marktintegration zu einer Verbesserung der sozio-ökonomischen Situation der breiten Bevölkerung und der Befriedigung ihrer Grundbedürfnisse beitragen konnte. Die Investitionskrise und die internen Schwierigkeiten der Andengruppe während der 80er Jahre haben nicht zuletzt ihre Ursachen in den nationalen Rahmenbedingungen: in den sozialen und politischen Konflikten, in der fehlenden Infrastruktur und der mangelnden ökonomischen Stabilität.

Die sozialen Strukturen der Andenländer gleichen sich in der Existenz eines großen informellen Sektors und der hohen Arbeits- losenquote. Zudem existiert eine hohe Unterbeschäftigungsrate. Der informelle Sektor in Peru produziert nach Schätzungen ungefähr ein Drittel des Bruttoinlandsproduktes. [59] In Peru waren in diesem Sektor 1981 ungefähr 60 Prozent der städtischen Bevölkerung beschäftigt; in Quito und Guayaquil wurde er auf 48 Prozent geschätzt; in Bogotá, auf 43 Prozent und auf 40 Prozent in Caracas (siehe Tabelle 5).

Die Arbeitslosenrate wies zwischen 1976 und 1986 eine steigende Tendenz auf: in Bolivien stieg sie von gut 5 Prozent im Jahre 1976 auf knapp 20 Prozent im Jahre 1986 an. In der gleichen Periode stieg die Arbeitslosigkeit in Kolumbien von 10 auf 14 Prozent, in Ecuador von 6 auf 10 Prozent, in Peru von 5 auf 8 Prozent und in Venezuela von 7 auf 10 Prozent (siehe Abbildung 3) Diese Berechnung bezieht nur die im formellen Arbeitsmarkt aktive Bevölkerung - Beschäftigte und offizielle Arbeitslose - ein. Der informelle Sektor wird außer Betracht gelassen.

Daten über die Einkommensverteilung werden von den statistischen
Büros der Andenländer nur unsystematisch bereitgestellt.
Lediglich für Peru und Venezuela sind Daten erhältlich. In Peru
fällt die Ungleichheit der Einkommensverteilung sehr stark ins
Auge: 20 Prozent der Haushalte verfügten 1972 über 61 Prozent
des Einkommens, wogegen auf die ärmsten 60 Prozent der Haushalte
nur 18 Prozent des Einkommens fiel. In Venezuela ist die
Verteilung kaum ausgeglichener: die ärmsten 60 Prozent der
Haushalte verfügten 1970 über 23,2 Prozent des Einkommens, die
oberen 20 Prozent der Haushalte über 54 Prozent.[60]

Hinzu kommt eine gravierende Diskrepanz zwischen den Einkommen
der ländlichen und denen der städtischen Bevölkerung. In vielen
Ländern werden zum Nutzen der städtischen Bevölkerung Nahrungsmittel subventioniert und importiert. Die negativen Anreize
dieser Politik für die Landwirtschaft schlägt sich in einer
hohen Migrationsrate der ländlichen Bevölkerung in die Städte
nieder und in einem zu anderen Sektoren vergleichsweise
niedrigen Wachstum, gepaart mit einer Stagnation der Produktion
von Grundnahrungsmitteln.[61]

Um diese gravierenden Einkommensunterschiede zu mindern und die
Einkommen anzuheben, sieht der Artikel 3 des Abkommens von
Cartagena die Koordination der Sozialpolitik und ein gemeinsames
Programm zur Stimulierung der landwirtschaftlichen Entwicklung
innerhalb der Gemeinschaft vor.[62] Bereits in der zeitlichen
Ausarbeitung der Integrationsphasen fehlte die Planung konkre-
ter Maßnahmen im Bereich der Sozial-, Verteilungs- und Agrar-
politik (vgl. Abschnitte 3.3 bis 3.5). Eine gemeinsame Politik
in diesen Bereichen kam bis heute nicht zustande; auf der
Konferenz von Quito wurde jedoch auf die Notwendigkeit von
Maßnahmen in diesem Bereich hingewiesen.[63]

Die geringe Bedeutung kompensatorischer und korrektiver Politik
zeigt die Prioritäten der Akteure im Andenpakt auf: die Erweite-

rung des Binnenmarktes sollte in erster Linie über die Zusammenlegung der bereits existierenden Märkte der fünf Mitgliedsstaaten erfolgen. Die Schaffung von Massenkaufkraft durch
Strukturreformen und die Ausweitung der nationalen Märkte
bedrohten eingefahrene Machtstrukturen und wurden somit zur
zweiten Priorität erklärt. Wöhlcke stellt fest,

> "... die besondere Attraktivität regionaler Integration
> beruht häufig auf der Hoffnung, daß der Entwicklungs-
> prozeß dynamisiert werden kann, ohne daß die betreffen-
> den sozio-ökonomischen Systeme in ihrer Qualität geändert
> werden müssen, d.h. bei Beibehaltung der bestehenden
> Machtstruktur. Regionale Integration ist aber keineswegs
> eine hinreichende Bedingung für die Überwindung von
> Unterentwicklung."[64]

Petras und Morley bemerken zu der Prioritätensetzung im Andenpakt:

> "...for the bourgeois nationalists it was easier to
> aggregate existing markets than to expand internal ones
> through rapid radical redistribution of income."[65]

Lopez Casero und Waldmanns Befragung von Unternehmern, Gewerkschaftern und Politikern der Region zeigt, wie unangefochten die
Annahme bei diesen Akteuren des Andenpakts verbreitet ist, daß
sich mit einem ausreichend großen wirtschaftlichen Wachstum
automatisch auch ein Prozeß des sozialen und strukturellen
Wandels einstellt. Entgegen der Erkenntnis, daß regionale
Zusammenschlüsse von Entwicklungsländern ohne vorgesehene
korrektive und verteilungspolitische Maßnahmen die Polarisierung
in der Region und die Marginalisierung der unteren sozialen
Schichten innerhalb der Länder verschärfen (siehe Abschnitt
2.3), war die überwiegende Mehrheit der Befragten der Ansicht,
der Andenpakt würde zu einer Verbesserung der materiellen Lage
dieser Gruppen und zu einer zunehmenden Angleichung des Lebens-
standards zwischen den Ländern führen.[66]

Die Mehrzahl der Teilnehmer an der Befragung war auch der
Ansicht, positive soziale Effekte würden sich erst mittel- bis
langfristig einstellen. Zunächst müsse die Mehrung des
nationalen und gemeinsamen Wohlstands durch den Aufbau von
Schlüsselindustrien und durch beschleunigtes Wirtschaftswachstum
im Vordergrund stehen. Eine daraus resultierende Steigerung des
Volkseinkommens würde auch den unteren Schichten und marginalen
Gruppen zugute kommen. An eine gezielte Gemeinschaftspolitik
zugunsten dieser Gruppen denkt dagegen nur eine verschwindend
geringe Minderheit der Befragten. [67]

Die Erfahrung zeigt jedoch, daß wirtschaftliches Wachstum
keinesfalls eine automatische Garantie für eine gerechtere
Verteilung des Einkommenszuwachses darstellt, und daß überdies
besonders in Gemeinschaften ohne Umverteilungsmaßnahmen eine
Neigung zur Konzentration des Nutzens der Integration besteht
(vgl. auch Abschnitt 3.2). Daher ist die Notwendigkeit gegeben,
diesen Tendenzen durch gezielte Maßnahmen entgegenzutreten:

> "Eine dauerhafte Beschleunigung der kapitalistischen
> Industrialisierung [...] ist nur dann möglich, wenn es
> dem Staat gelingt, die hierfür erforderlichen spezi-
> fischen ökonomischen, sozialen und politischen Bedingun-
> gen zu schaffen. [68]

Regionale Integration ohne korrektive Maßnahmen ist keineswegs
eine hinreichende Bedingung für die Überwindung von Unterentwicklung. Integrationsbegleitend muß eine Reihe von breit-
angelegten Maßnahmen in Gang gesetzt werden. Senghaas führt aus:

> "Autozentrierte Entwicklung besteht also im allgemeinsten
> Sinne aus der organischen Verbindung folgender Aktivitä-
> ten:
>
> - erneute Prospektierung der lokal verfügbaren Ressour -
>   cen,
> - lokale Nutzung lokaler Ressourcen,
> - Aufbau eines eigenen industriellen Sektors für die Pro-
>   duktion von Produktionsmitteln
> - Weiterentwicklung bestehender und Erfindung angepaßter
>   Technologie,

- Produktivitätssteigerung der Landwirtschaft,
- industrielle Produktion von Massenkonsumgütern.

Nur die Konvergenz dieser Aktivitäten erlaubt eine breit-
angelegte, schrittweise Erschließung des Binnenmarktes,
durch die die Masse der Bevölkerung in produktive Tätig-
keiten eingegliedert wird, Kaufkraft erwirbt und durch
die die Nachfrage nach agrarischen und industriellen
Ausrüstungs- und Massenkonsumgütern sowie nach privaten
und öffentlichen Dienstleistungen an Ort und Stelle
dynamisiert wird."[69]

Eine Strukturreform mit Produktivitätssteigerung in der
Landwirtschaft, wie sie von der CEPAL-Schule und den Andenpakt-
statuten vorgesehen, jedoch nicht realisiert wurde, kann die
Industrialisierung der Region folgendermaßen fördern:

(a) Gestiegene Einkommen in der Landwirtschaft erhöhen die
Nachfrage nach Industriegütern und anderen Produkten. Da mit
steigendem Einkommen der Anteil der Nahrungsmittel an den
Gesamtausgaben sinkt, wird bei erhöhtem landwirtschaftlichen
Einkommen ein größerer Anteil dieses Einkommens für industrielle
Produkte ausgegeben;[70]

(b) eine produktivere Landwirtschaft kann die Industrie
optimaler mit landwirtschaftlichen Rohstoffen beliefern;[71]

(c) zusätzliche Deviseneinnahmen aus erhöhten landwirtschaftlichen Exporten können für den Import industrieller Inputs
verwendet werden; ein durch gestiegene Produktivität erhöhtes
Einkommen in der Landwirtschaft kann die Ersparnisse erhöhen,
die der Industrie für Investitionen zur Verfügung gestellt werden können.[72]

(d) Da Prozesse der Produktivitätserhöhung oft zu einer
Freisetzung von Arbeitskräften führt, könnte dieser Prozeß das
bestehende Beschäftigungsproblem der Andenländer weiter zuspit-
zen, falls die neue Industrie diese zusätzlichen Arbeitskräfte

nicht absorbieren kann. Sowohl im industriellen als auch im
landwirtschaftlichen Sektor sollte deshalb auf eine stärkere
Kombination moderner Technologie mit arbeitsintensiver Technik
und auf einen arbeitsintensiven Ausbau der materiellen und
sozialen Infrastruktur Gewicht gelegt werden. Eine Veränderung
der Besitzstruktur schließt eine Umverteilung des Bodens ein.
Die Betriebe der Kleinbauern müßten vergrößert werden, sodaß der
Subsistenzsektor in den Wirtschaftskreislauf einbezogen werden
kann.[73] Die Veränderung der Besitzstruktur setzt eine
Entmachtung einer konsumtiv eingestellten Oligarchie und die
Abschaffung aller unproduktiven Zahlungen an diese Klasse voraus.

Ein weiteres Problem, das alle fünf Andenländer seit dem Anfang
der siebziger Jahre in immer stärkerem Maße betrifft, ist das
Problem des Drogenanbaus. In Bolivien wird geschätzt, daß
Kokainherstellung die Zinnförderung als größten Wirtschaftszweig
abgelöst hat. Kokainpaste bringt für das Land die höchsten
Deviseneinnahmen und schafft mehr Arbeitsplätze als jeder andere
Wirtschaftszweig. Nach Schätzungen sind 60 Prozent der
Bolivianer in den Schlüsselregionen Beni, Santa Cruz und La Paz
direkt oder indirekt an der Kokainproduktion beteiligt. Dabei
sind die hohen Preise, die Bauern für Coca erzielen können, die
hohen Löhne und eine z. T. gute soziale Versorgung der Arbeiter
durch die Drogenmafia ein Anreiz (pull factor). Die hohe
Arbeitslosigkeit, Unterbeschäftigung und schlechte soziale Versorgung ein »push factor.« Nach Schätzungen ist in Peru das
Kokain nach Bergbauprodukten der zweitgrößte Devisenbringer. In
Kolumbien wird die Bedeutung dieses Wirtschaftszweigs höher als
die der Kaffeeproduktion eingeschätzt.[74]

Auch hier zeigt sich, daß der Staat seiner Aufgabe der Schaffung
einer sozialen Infrastruktur nicht gerecht geworden ist. Gegen-
maßnahmen müssen getroffen werden, die die finanziellen Anreize
verringern, in diesem Sektor tätig zu sein. Ein Problem in der

Bekämpfung dieser Schattenwirtschaft ist jedoch die personelle und finanzielle Verflechtung von Politikern und Drogenproduzenten.

Neben Strukturreformen in den Sektoren ist eine Verbindung der landwirtschaftlichen und industriellen Sektoren unerläßlich für die Dynamisierung des Wachstums. Dazu gehört eine frühzeitig einzuleitende Differenzierung der industriellen Produktion und der Ausbau landwirtschaftlicher Industriezweige. Der Landwirtschaftssektor seinerseits muß in die Lage versetzt werden, die Nahrungsgüterproduktion für die regionale Bevölkerung zu übernehmen. [75]

Mit der Änderung des Vertragstextes im Sommer 1987 haben die Andenländer vereinbart, die Zusammenarbeit im landwirtschaftlichen und im sozio-ökonomischen Bereich zu verstärken. Auf dem Programm stehen unter anderem die Technologieförderung, Produktionssteigerung und Selbstversorgung mit Nahrungsmitteln durch die Landwirtschaft und eine Verringerung der absoluten Armut im sozialen Bereich. [76] Bestehende Probleme sind offensichtlich erkannt. Die Ausarbeitung konkreter Förderungsprogramme und ihre Implementierung wird zeigen, ob und wie weit mit der Änderung der Statuten des Andenpakts die Rhetorik in die Tat umgesetzt wird.

ANMERKUNGEN ZU KAPITEL 4

1. Der Weltentwicklungsbericht 1987 der Weltbank teilte 128 Länder in 6 Kategorien ein: (1) 37 Länder mit niedrigem Einkommen zwischen 110 und 390 Dollar Pro-Kopf-BSP, (2) 59 Länder mit einem mittleren Einkommen (diese Gruppe ist unterteilt in (a) 36 "lower middle income economies" (420 bis 1.570 Dollar), und (b) 23 "upper middle income economies" (1.640 bis 7.420 Dollar), (3) 4 Ölexporteure mit hohem Einkommen (7.170 bis 19.270 Dollar), (4) 19 Industrieländer (4.290 bis 16.690 Dollar

und (5) 9 Nichtmitgliedsstaaten (in der Hauptsache Planwirt-
schaften ohne Einkommensangaben). Das ärmste Land, Äthiopien,
nahm nach diesem Schema den Rang Nr. 1 ein. Das höchste Pro-
Kopf-Einkommen unter den Erdölexporteuren hatten die Vereinigten
Arabischen Emirate (Rang 100) und unter den Industrieländern die
Vereinigten Staaten (Rang 119)

2. vgl. World Bank 1987, S. 197-203

3. ebenda

4. vgl. Lopez Casero / Waldmann 1981, S. 180

5. vgl. Inter-American Development Bank 1984, 102-105

6. vgl. World Bank 1987, S. 206-207

7. vgl. Lopez Casero / Waldmann 1981, S. 189-190

8. ebenda, S. 225

9. ebenda

10. vgl. Esser 1979, S. 236

11. vgl. Lopez Casero / Waldmann 1981, S. 189 und 218-219

12. ebenda, S. 182-183

13. vgl. Puyana de Palacios 1982, S. 8-9 und 265; siehe auch
Lopez Casero 1981, S. 210-221

14. vgl. Hojman 1981, S. 147-151

15. vgl. Meschkat / Rohde / Töpper 1980, S. 161-164

16. vgl. hierzu Inter-American Development Bank 1984, S. 93-119

17. vgl. Esser 1986, S. 10-11; zum selben Thema siehe auch
Sunkel, Osvaldo: Past, Present and Future of the International
Economic Crisis. In: CEPAL Review, No. 22, April 1984, S. 81-105

18. vgl. Inter-American Development Bank 1987, S. 20

19. vgl. World Bank 1987, S. 204

20. vgl. Inter-American Development Bank 1987, S. 20

21. vgl. World Bank 1987, S. 204

22. vgl. Inter-American Development Bank 1986, S. 63-64

23. ebenda

24. zum Konzept des Entwicklungsnationalismus vgl. Milensky, Edward S.: Developmental Nationalism in Practice: The Problems and Progress of the Andean Group. In: Inter-American Economic Affairs, Vol. 26, No. 4, 1973, S. 49-68. Vergleiche auch Milensky 1971, S. 77-91

25. vgl. hierzu Petras / Morley 1978, S. 170

26. vgl. Dirmoser / Wachenhofer 1982, S. 306

27. ebenda

28. Das Movimiento Nacionalista Revolutionario (MNR) wurde in den 40er Jahren gegründet und führte die Revolution von 1952 an, in der die Minen- und Grundbesitzeroligarchie durch die Nationalisierung des Bergbaus und eine radikale Agrarreform ihre politische und ökonomische Macht verlor. Die anfänglich wirtschaftsnationalistische, auf ISI abzielende Politik der MNR, das bis zum Militärputsch 1964 die Regierung stellte, wurde bald zugunsten eines orthodoxen Exportmodells und einer engen Zusammenarbeit mit den U.S.A. aufgegeben.

29. vgl. Nohlen / Schäffler / Keitel 1982, S. 113-116 und Petras / Morley 1978, S. 158

30. vgl. Lopez Casero / Waldmann 1981, S. 210

31. vgl. Nohlen 1982, S. 186-189

32. vgl. dazu Hoffmann 1982, S. 223

33. vgl. Nohlen 1984, S. 337-340

34. vgl. Lopez Casero / Waldmann 1981, S. 182-183 und Boeckh 1982, S. 364 und S. 382-383

35. vgl. hierzu Nohlen 1984, S. 589-590

36. vgl. dazu Salgado 1984, S. 88

37. vgl. hierzu Petras / Morley 1978, S. 164-165

38. ebenda, S. 165-167

39. vgl. Dirmoser / Wachendorfer 1982, S. 307-308 und Nohlen 1984, S. 481-482

40. vgl. Petras / Morley 1978, S. 173

41. vgl. Boeckh 1982, S. 375-376

42. vgl. Esser 1979, S. 316

43. vgl. Kaplan 1981, S. 275

44. vgl. Puyana de Palacios 1982, S. 164-165

45. ebenda, S. 168-169

46. ebenda, S. 165

47. vgl. Lopez Casero / Waldmann 1981, S. 201

48. vgl. Puyana de Palacios 1982, S. 165-167

49. ebenda, S. 167

50. vgl. Axline 1984, S. 21

51. Nach den Handelsregeln des GATT (General Agreement on
Tariffs and Trade) sollte der Schutz nationaler Industrien nur
in Form von Zöllen, nicht aber durch Quoten oder andere nicht-
tarifäre Handelshemmnisse stattfinden. Jedoch werden dank star-
ker Lobbies industrieller und landwirtschaftlicher Hersteller
besonders seit Beginn der weltweiten wirtschaftlichen Rezession
in vielen Ländern verstärkt nicht-tarifäre Importbarrieren auf
Produkte erhoben, die auf dem internationalen Markt nicht mehr
wettbewerbsfähig wären. Die EG-Kontingente für Agrar- und Tex-
tilimporte sind ein Beispiel.

52. vgl. Petras / Morley 1978, S. 172-181

53. vgl. hierzu Axline 1984, S. 22

Die gegenwärtige öffentliche Diskussion der sozialen Dimension
der europäischen Integration nach der Schaffung eines einheit-
lichen Binnenmarktes im Jahre 1992 zeigt, daß auf dem Wege zu
einer fortgeschritteneren Integration Gewerkschaftsinteressen
stärker betroffen sind als im Anfangsstadium des Integrationsprozesses. Von Arbeitnehmerorganisationen werden im Rahmen der
Liberalisierung des Arbeitsmarktes z.B. Themen der Angleichung
von Arbeitsnormen, Auswirkungen von regionalen Lohnkosten- und
Produktivitätsvorteilen und Auswirkungen auf die Schaffung von
Arbeitsplätzen diskutiert.

54. vgl. Lopez Casero / Waldmann 1981, S. 201

55. vgl. Axline 1984, S. 22

56. vgl. Normas comunitarias 1987, S. 16

57. vgl. Haskel 1974, S. 6

58. vgl. Axline 1984, S. 23

59. vgl. World Bank 1987, S. 75

60. ebenda, S. 252-253 und 280

61. vgl. Inter-American Development Bank 1986, S. 71-75

62. vgl. Agreement on Andean Subregional Integration 1969, Artikel 3

63. Normas comunitarias 1987, S. 11-12

64. vgl. Wöhlcke 1985, S. 77

65. vgl. Petras / Morley 1978, S. 157

66. vgl. Lopez Casero / Waldmann 1981, S. 207

67. ebenda

68. vgl. Esser 1979, S. 34

69. vgl. Senghaas 1977, S. 266

70. vgl. World Bank 1987, S. 50

71. ebenda

72. ebenda

73. vgl. Esser 1979, S. 45-46

74. vgl. Hübener 1987, S. 5

75. vgl. Keitel 1982, S. 124-126

76. vgl. Normas comunitarias 1987, 4-5 und 11-12

KAPITEL 5

MÖGLICHKEITEN UND GRENZEN DER REGIONALEN INTEGRATION
IN DEN ANDENLÄNDERN

Der Andenpakt befand sich bereits kurze Zeit nach seiner Gründung
in der Krise. Die Faktoren und Entwicklungen, die diese Krise
kennzeichneten bzw. mit hervorriefen, verliefen auf unterschiedlichen Ebenen.

Die Integrationsgemeinschaft wurde zu einer Zeit wirtschaftlichen
Wachstums konzipiert, in der der Cepalismo - und mit ihm die Importsubstitution - einen unangefochtenen Platz in der Wirtschaftspolitik der meisten lateinamerikanischen Länder einnahm.

Auf der wirtschaftlichen Ebene waren der Ölpreisschock 1973 und
fehlende Strukturanpassungen in den späten 70er Jahren, sowie die
durch die Verschuldungskrise ausgelösten Wachstumseinbrüche der
80er Jahre ausschlaggebende Faktoren, die die Durchführung des
Integrationsprogramms in der von der CEPAL konzipierten Form be-
hinderten. Während dieser Periode wurde durch Veränderungen auf
Güter- und Kapitalmärkten der Wettbewerb zwischen den Staaten
geschürt, woraufhin einzelne Staaten im Alleingang Integrations-
instrumente - z.B. das Kapitalstatut - faktisch außer Kraft
setzten. Die erstrebte Harmonisierung der Wirtschaftspolitik
wurde auf diese Weise rückgängig gemacht.

Konflikte zwischen den Mitgliedsländern traten auch aufgrund der
unterschiedlichen Entwicklungsniveaus und Größen der Länder über
das Maß von Protektionismus und Planung einerseits und Wirt-
schaftsliberalisierung andererseits auf. Die Binnenmarkterweiterung, die in Form einer Handelserweiterung temporäre
Erfolge zeigte, begünstigte die großen und stärker industrialisierten Länder. In den relativ weniger entwickelten Ländern
hingegen trug sie möglicherweise zu einer Verzögerung des

Prozesses der industriellen Entwicklung bei. Die Sektorplanung, die auf das Industrialisierungsinteresse dieser Staaten zugeschnitten war, konnte nicht umgesetzt werden, weil grundlegende infrastrukturelle Voraussetzungen fehlten.

Auf der politischen Ebene begünstigte das zeitliche Zusammentreffen entwicklungsnationalistischer Regierungen die Gründung des Paktes und damit einen Konsens, der mit dem Beginn der Krise Anfang der 70er Jahre bald zerbrach.

Ein weiterer Faktor, der einen stabilen Konsens behinderte, war die Tatsache, daß wichtige Akteure nicht in die Planung einbezogen wurden. Der Andenpakt wurde von einer Gruppe CEPAL-naher Technokraten und regional orientierter Politiker konzipiert, die sich von der Binnenmarkterweiterung einen kontinuierlichen Wachstumsprozeß versprachen. Diese »Integration von oben« berücksichtigte jedoch nicht die Interessen der Privatsektors in den Mitgliedsländern.

Die Vernachläßigung der Interessen dieses Sektors hatte zur Folge, daß über die Liberalisierungsprogramme keine Einigung zustande kam, und daß seit den späten 70er Jahren der nationale Protektionismus entscheidend zunahm. Auch die Programme zur industriellen Sektorplanung konnten nicht entsprechend der ursprünglichen Vorstellungen umgesetzt werden, da u. a. die Unterstützung entscheidender Akteure fehlte. Eine vom »grünen Tisch« aus verordnete Industrialisierung hat nur geringe Erfolgschancen, wenn die Beteiligung der Trägergruppen der Unternehmer, Gewerkschaften und Politiker nicht gewährleistet ist.

Auf der sozio-ökonomischen Ebenen stellte die unzureichende innere Integration ein Hindernis für die regionale Integration dar. Die von der CEPAL geforderte duale Strategie der parallel zur regionalen Integration verlaufenden Strukturreformen innerhalb der Staaten fand nicht statt. Ohne inneren Wandel, die Bereitstellung notwendiger Infrastrukturleistungen, die Ver

besserung der Ausbildung auf allen Ebenen, und vor allem die
Schaffung einer gerechteren Einkommensverteilung durch Agrarreformen und eine horizontale Integration zwischen Industrie- und
Agrarsektor kann ein dynamischer Entwicklungs- und Industriali-
sierungsprozeß jedoch nicht in Gang gehalten werden.

Die Krisen in der Durchführung der ursprünglichen Programmatik
veränderten die Konzeption des Andenpakts in Richtung einer losen
Staatengemeinschaft: am Liberalisierungsprogramm wurden zeitliche
Abstriche gemacht und eine Ausnahmelisten sensibler Produkte
aufgestellt. Aus der industriellen Sektorplanung entwickelte sich
eine Unternehmenskooperation und die Regelung ausländischer
Direktinvestitionen obliegt nunmehr der nationalen Kontrolle.

Die Abkehr vom ursprünglichen Integrationsprogramm und die
grundsetzliche Änderung der Programmatik werfen die Frage auf, ob
der Andenpakt insgesamt gescheitert ist und ob die regionale
Integration für diese Staaten als Instrument zur wirtschaftlichen
Entwicklung noch eine gangbare Möglichkeit darstellt.

Um diese Frage zu beantworten, müssen Veränderungen vor dem
Hintergrund der wirtschaftlichen Entwicklung der letzten zwei
Jahrzehnte betrachtet werden. Dabei wird deutlich, daß zwar die
hochgesteckten Ambitionen der ursprünglichen Konzeption über Bord
geworfen wurden, die Änderung des Andenpaktstatuts jedoch als
Anpassung der Normen und Instrumente an die realen Gegebenheiten
und an den Entwicklungsstand der Länder notwendig waren.

Wichtige Schritte auf dem Weg zu einem verbesserten wirtschaftlichen Wachstum und einer größeren Wettbewerbsfähigkeit sind die
zunächst selektive Öffnung der Region gegenüber dem Weltmarkt,
vermehrte Exportanstrengungen und die Förderung des regionalen
Handels. Mit der Reduzierung der Schutzzölle und einer verbesserten Zusammenarbeit im Technologie- und Finanzbereich können

wichtige Beiträge zur notwendigen industriellen Modernisierung
geschaffen werden.

Wenn es nach dem Protokoll von Quito gelingt, die flexiblere
Gestaltung der Integrationsgemeinschaft für Strukturreformen, für
die Beteiligung wichtiger gesellschaftlicher Gruppen und für eine
realistischere Bewertung der Weltmarktbedingungen zu nutzen, kann
die Integration neue Impulse in ihrer weiteren Entwicklung
erfahren.

Alternativen zur regionalen Entwicklung stehen nicht zur
Verfügung, denn ohne Integration ist ein Entwicklungsprozeß in
den Andenländern nur schwerlich in Gang zu setzen. Die großen
wirtschaftlichen Schwierigkeiten mehrerer Mitglieder des Paktes –
Auslandsverschuldung, Strukturkrise, Protektionismus, mangelnde
interne Ersparnis, technologische Herausforderung – können
gemeinsam effektiver in Angriff genommem werden.

In diesem Sinne sollte die Krise als Chance verstanden werden,
die die Andenländer als Anlaß zur einer intensiveren
Zusammenarbeit an gemeinsamen Problemen nutzen können. Ähnlich
wie in der Europäischen Gemeinschaft und in den ASEAN-Staaten
kann ein politischer und wirtschaftlicher Druck von außen zur
Schaffung eines Konsens motivieren und damit zum Vorteil der
Staatengemeinschaft genutzt werden.

Die Integration der Andenländer muß allerdings realistisch an-
gelegt sein und darf die Möglichkeiten der Staaten nicht über-
fordern. Die Ziele der Gemeinschaft sollten nicht zu hoch gesteckt sein und sollten in einer realistischen Zeitspanne ver-
tieft werden. Im ursprünglichen Andenpakt gingen die technokra-
tischen Pläne und Instrumente weit über das Maß der Integra-
tionsmöglichkeiten hinaus. Ohne die Beteiligung wichtiger
gesellschaftlicher Gruppen waren die Instrumente zu ehrgeizig und
verkannten die machtpolitische und sozioökonomische Realität der
Staaten.

Der »neue Andenpakt« muß den Akteuren größere Partizipations-
möglichkeiten einräumen. Die überbetonte Planungskomponente im
Industriesektor sollte verringert werden. Nicht zuletzt muß die
unbestätigte Annahme aufgegeben werden, daß ein unterschiedlicher
Entwicklungsstand zwischen den Ländern durch künstliche Eingriffe
und ohne begleitende Strukturreformen angeglichen werden können:
Der Integrationsprozeß muß unter einer wesentlich stärkeren
Einbeziehung des Agrarsektors und einer vorrangigen Behandlung
sozialer Gesichtspunkte, die Strukturreformen zugunsten der
Ärmsten beeinhalten, Schritt für Schritt wiederbelebt und neu
definiert werden. Politische und soziale Faktoren müssen den
ökonomischen gleichwertig gegenüberstehen. Soziale Entwicklung
und nationale Integration sind Bedingungen für ein ausgewogenes
wirtschaftliches Wachstum und für eine erfolgreiche regionale
Integration.

ANHANG

ABBILDUNG 1: KARTE DER ANDENPAKTLÄNDER

Quelle:
Encyclopaedia
Americana

ABBILDUNG 2: INSTITUTIONEN DES ANDENPAKTS

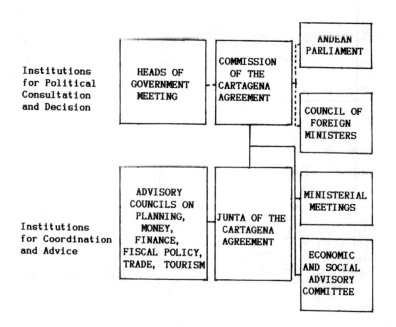

Institutions for Political Consultation and Decision

Institutions for Coordination and Advice

AUTONOMOUS INSTITUTIONS:

- Andean Development Corporation (CAF)
- Andean Reserve Fund (FAR)
- Association of Andean Group State Enterprises of Telecommunications (ASETA)
- Court of Justice of the Cartagena Agreement

Quelle: Inter-American Development Bank 1984, S. 46

ABBILDUNG 3: ARBEITSLOSENRATE UND VERÄNDERUNG DER REALLÖHNE, 1976-1986 (in Prozent)

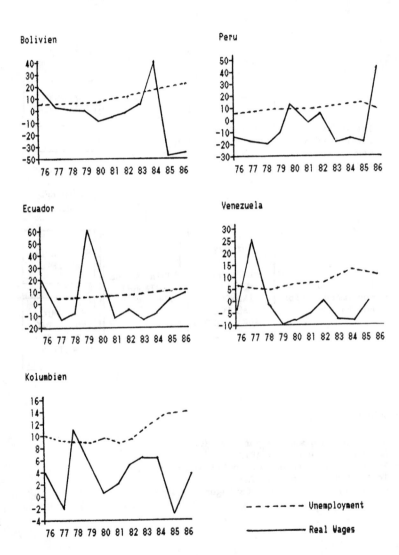

Quelle: Inter-American Development Bank 1987, S. 237-407

TABELLE 1: SOZIOÖKONOMISCHE INDIKATOREN DER ANDENLÄNDER

Land	Bevölkerung (Millionen) 1985	BIP/Kopf ($ US) 1985	Wachstumsrate (1) 1965-1980	1980-1985
Bolivien	6,4	470	4,5	-4,5
Ecuador	9,4	1.160	8,4	1,5
Kolumbien	28,4	1.320	5,6	1,9
Peru	18,6	1.010	3,9	-1,6
Venezuela	17,3	3.080	5,2	-1,6
	80,1			

Land	prozentualer Anteil der Beschäftigten in:					
	Landwirtschaft 1965	1980	Industrie 1965	1980	Dienstleistung 1965	1985
Bolivien	54	46	20	20	26	34
Ecuador	55	39	19	20	26	42
Kolumbien	45	34	21	24	34	42
Peru	50	40	19	18	32	42
Venezuela	30	16	24	28	47	56

----

(1) durchschnittliche jährliche Wachstumsrate des Bruttoinlands
produkts

Quelle: World Development Report 1987

TABELLE 2: INTRAREGIONALE EXPORTE DER LATEINAMERIKANISCHEN INTEGRATIONSASSOZIATION (LAIA) 1970, 1975, 1978-1982 (in Millionen Dollar)

Land	1970	1975	1978	1979	1980	1981	1982
Argentinien	371,7	766,1	1556,3	2049,8	1889,4	1767,6	1551,7
Brasilien	316,5	1350,3	1772,2	2608,1	3636,3	4455,0	3025,9
Chile	138,0	392,3	620,4	--	1130,4	--	--
Mexiko	125,5	377,7	633,8	590,4	--	--	--
Paraguay	24,7	62,7	67,3	105,0	--	--	--
Uruguay	29,3	109,9	194,6	316,2	395,0	348,9	--
Andenpakt:							
Bolivien	19,1	185,5	198,7	255,6	--	--	--
Kolumbien	97,9	304,1	410,9	589,6	654,2	671,1	637,6
Ekuador	21,1	364,9	450,2	507,1	--	--	--
Peru	67,4	221,9	258,9	719,9	708,3	473,0	429,8
Venezuela	399,5	1106,0	1168,8	1666,4	2721,5	2964,4	--

Quelle: Inter-American Development Bank 1984, S. 95

TABELLE 3: INTRAREGIONALER HANDEL DER ANDENLÄNDER,
1984 - 1986 (in Millionen Dollar)

		Exportierende Länder				
Importierende Länder	Andenpakt	Bolivien	Kolumbien	Ekuador	Peru	Venezuela
Bolivien						
1984	30,8		1,6	0,2	29,0	0,1
1985	5,4		1,0	0,1	4,1	0,2
1986	10,2		1,0	0,2	9,0	0,0
1987	9,3		2,0	0,3	6,0	1,0
Kolumbien						
1984	444,4	5,0		44,6	74,0	320,8
1985	327,8	5,0		71,8	78,4	172,7
1986	192,0	2,0		30,0	45,0	115,0
1987	206,3	4,0		35,3	37,0	130,0
Ekuador						
1984	84,0	1,1	51,8		29,0	2,0
1985	121,8	1,1	60,1		59,3	1,3
1986	79,9	0,0	58,9		11,0	10,0
1987	88,0	0,0	64,0		12,0	12,0
Peru						
1984	85,2	21,2	27,4	6,3		30,3
1985	95,4	21,4	30,8	6,0		37,3
1986	139,8	22,0	70,9	9,9		37,9
1987	256,0	26,0	127,0	51,0		52,0
Venezuela						
1984	159,2	0,0	111,1	3,1	45,0	
1985	203,5	3,1	153,6	2,2	44,6	
1986	198,1	0,0	150,2	2,9	45,0	
1987	277,0	0,0	181,0	38,0	58,0	
Andenpakt						
1984	803,6	27,3	191,9	54,2	177,0	353,2
1985	754,0	30,5	245,5	80,0	186,3	211,5
1986	620,0	24,0	281,1	42,9	110,0	162,0
1987	836,6	30,0	374,0	124,6	113,0	195,0

Quelle: Inter-American Development Bank 1986, S. 64
und 1988, S. 84

TABELLE 4: VERBRAUCHERPREISINDEX LATEINAMERIKANISCHER LÄNDER 1961-1987

Countries with relative price stability (annual rise in prices of less than 5 percent)

1961-70	1971-80	1984	1985	1986	1987
El Salvador 0.7		Panama 1.6	Panama 1.0	Panama -0.1	Haiti -10.4
Guatemala 0.8		Guatemala 3.4	Honduras 3.4	Barbados 1.3	Panama 1.0
Venezuela 1.0		Suriname 3.7	Barbados 3.8	Honduras 4.4	Barbados 2.5
Panama 1.3		Bahamas 3.9	Bahamas 4.6		Honduras 2.5
Nicaragua 1.7		Barbados 4.6			
Dominican Rep. 2.1		Honduras 4.7			
Honduras 2.2					
Guyana 2.2					
Costa Rica 2.3					
Mexico 2.5					
Haiti 2.8					
Barbados 2.9					
Trin. & Tobago 3.0					
Paraguay 3.1					
Jamaica 3.4					
Suriname 4.2					
Ecuador 4.4					

Countries with moderate inflation (annual rise in prices of between 5 and 15 percent)

1961-70	1971-80	1984	1985	1986	1987
Bolivia 5.6	Panama 7.1	Haiti 8.0	Trin. & Tobago 7.7	Bahamas 5.4	Bahamas 5.8
Bahamas 6.2	Bahamas 7.5	El Salvador 11.7	Haiti 8.4	Trin. & Tobago 7.7	Jamaica 7.7
Peru 9.7	Honduras 8.0	Costa Rica 11.9	Suriname 10.9	Haiti 7.7	Trin. & Tobago 10.8
Colombia 11.1	Venezuela 8.5	Venezuela 12.2	Venezuela 11.4	Guyana 7.9	Guatemala 12.3
	Guatemala 9.3	Trin. & Tobago 13.3	Guyana 15.0	Dominican Rep. 9.7	Bolivia 14.6
	Suriname 10.4			Venezuela 11.6	
	Guyana 10.5			Costa Rica 11.8	
	Dominican Rep. 10.9			Jamaica 14.4	
	Haiti 11.0				
	El Salvador 11.2				
	Costa Rica 11.2				
	Ecuador 12.7				
	Trin. & Tobago 13.2				
	Paraguay 13.4				
	Nicaragua 14.7				
	Barbados 14.9				

Countries with high inflation (annual rise greater than 15 percent)

1961-70	1971-80	1984	1985	1986	1987
Argentina 21.4	Mexico 16.9	Colombia 16.1	Costa Rica 15.1	Suriname 18.7	Dominican Rep. 15.9
Chile 27.1	Jamaica 18.3	Chile 19.9	Guatemala 18.7	Colombia 19.2	Costa Rica 16.8
Brazil 46.2	Bolivia 20.3	Paraguay 20.3	El Salvador 22.3	Chile 19.5	Chile 19.8
Uruguay 47.8	Colombia 21.9	Dominican Rep. 24.5	Jamaica 23.0	Ecuador 23.0	Paraguay 21.8
	Peru 32.0	Guyana 25.1	Colombia 24.0	Paraguay 31.7	Colombia 23.3
	Brazil 36.6	Jamaica 28.9	Paraguay 25.2	El Salvador 31.9	El Salvador 24.9
	Uruguay 64.0	Ecuador 31.2	Ecuador 28.0	Guatemala 37.0	Venezuela 28.1
	Argentina 141.5	Nicaragua 35.4	Dominican Rep. 30.7	Uruguay 76.4	Guyana 28.5
	Chile 174.3	Uruguay 55.3	Chile 37.5	Peru 77.9	Ecuador 29.5
		Mexico 65.5	Mexico 57.7	Mexico 86.2	Suriname 53.3
		Peru 110.2	Peru 72.2	Argentina 90.1	Uruguay 63.6
		Brazil 196.7	Argentina 163.4	Brazil 143.7	Peru 85.8
		Argentina 626.7	Nicaragua 219.5	Bolivia 276.4	Argentina 131.3
		Bolivia 1,281.3	Brazil 226.9	Nicaragua 681.6	Mexico 131.9
			Bolivia 11,749.6		Brazil 231.7
					Nicaragua 910.7

Quelle: Inter-American Development Bank 1988

TABELLE 5: GESCHÄTZTER ANTEIL DES INFORMELLEN SEKTORS IM
STÄDTISCHEN ARBEITSMARKT (in Prozent)

Land	Anteil
Peru, städtische Gebiete	60
Ekuador, Quito und Guayaquil	48
Venezuela, städtische Gebiete	44
Kolumbien, Bogota	43
Venezuela, Caracas	40
im Vergleich:	
Brasilien, Sao Paulo	43
Mexico, Mexico City, Monterey und Guadelajara	42
Chile, städtische Bereiche	39
Argentinien, Cordoba	38
Brasilien, Belo Horizonte	31
Brasilien, Rio de Janeiro	24

Quelle: Inter-American Development Bank 1987, S. 126

LITERATUR

Agreement on Andean Subregional Integration. In: American
Society of International Law: International Legal
Materials. Current Documents. Vol. 8, No. 5, September 1969,
S. 910-939

ALCANTARA SAEZ, Manuel / BURNS, Brigid / DELAUNAY, Dominique /
JAMAR, Joseph: Integrations Régionales entre Pays en Voie
de Developpement. Templehof Bruges: De Temple, 1982

ANDERSEN, Uwe / WOYKE, Wichard: Handwörterbuch Internationale
Organisationen. Opladen: Leske und Budrich, 1985 (UTB für
Wissenschaft: Uni-Taschenbücher 1299)

ARIFF, Mohamed: Regional Economic Cooperation: The ASEAN
Experiment. In: OECD: Interregional Cooperation in the
Social Sciences for Development. Paris: OECD, 1980,
S. 67-73

AVERY, William P.: The Politics of Crisis and Cooperation in the
Andean Group. In: The Journal of Developing Areas, Vol 17,
No. 2, 1983, S. 155-184

AXLINE, W. Andrew: Underdevelopment, Dependence, and
Integration: The Politics of Regionalism in the Third
World. In: GHOSH, Pradip K. (ed.): Economic Integration
and Third World Development. Westport, Ct./London:
Greenwood Press, 1984, S. 7-32

AXLINE, W. Andrew: Caribbean Integration. The Politics of
Regionalism. London/New York: Nichols Publishing, 1979

BALASSA, Bela: Towards a Theory of Economic Integration. In:
Kyklos, Nr. 14, 1961, S. 1-17

BOECKH, Andreas: Venezuela. In: NOHLEN, Dieter / NUSCHELER,
Franz: Handbuch der Dritten Welt, Band 2. Hamburg: Hoffmann
und Campe, 1982

BOGNAR, Jozsef: The Socio-Political and Institutional Aspects of
Integration. In: MACHLUP, Fritz (ed.): Economic
Integration: Worldwide, Regional, Sectoral.
London/Basingstoke: Macmillan, 1976, S. 244-274
(International Economic Association publications)

BORIS, Jean Pierre: Les échecs du président Alan Garcia au
Pérou. In: Le Monde Diplomatique, Bd. 35, Nr. 408, März
1988, S. 12

BROSZEHL, Detlef: Ausländische Direktinvestitionen und
Technologietransfer im Andenpakt: Die Regelungen
Venezuelas. Stuttgart/Wien: Edition Erdmann in Tienemanns

Verlag, 1986 (Bochumer Materialien zur
Entwicklungsforschung und Entwicklungspolitik; Bd. 27)

CARDOSO, Fernando H. / FALETTO, Enzo: Abhängigkeit und
Entwicklung in Lateinamerika. Frankfurt: Suhrkamp, 1976

CARL, Beverly May: Economic Integration Among Developing
Countries. New York: Praeger Publishers, 1986

CHEROL, Rachelle L. / NUÑEZ DEL ARCO, José: Andean Multinational
Enterprises: A New Approach to Multinational Investment in
the Andean Group. In: Journal of Common Market Studies,
Vol. 21., No. 4, June 1983, S. 409-428

COHEN ORANTES, Isaac: The Concept of Integration. In GHOSH,
Pradip K.: Economic Integration and Third World
Development. Westport, Connecticut: Greenwood Press, 1984,
S. 51-66

CONESA, Eduardo: The Experiences of Integration in Latin America
in the 1980 Decade. In: OECD: Inter-Regional Cooperation
in the Social Sciences for Development. Paris: OECD, 1980,
S. 75-85

COOPER, C. A. / MASSELL, B. F.: A New Look at Customs Union
Theory. In: Economic Journal, Bd. 75, 1965, S. 742-747

DIRMOSER, Dietmar / WACHENDORFER, Ute: Peru. In: NOHLEN,
Dieter / NUSCHELER, Franz (Hrsg.): Handbuch der Dritten
Welt, Band 2. Hamburg: Hoffmann und Campe, 1982, S. 297-333

EHRHARDT, Waltraud: Entwicklung durch Integration? Peru im
Andenpakt. Frankfurt am Main/Bern: Verlag Peter Lang, 1982
(Münchner Studien zu internationalen Entwicklung; Bd. 4)

EL-AGRAA, Ali M. (ed.): International Economic Integration.
London: Macmillan, 1982

EL-AGRAA, Ali M. / HOJMAN, David E.: The Andean Pact. In: EL-
AGRAA, Ali M. (ed.): International Economic Integration.
London: Macmillan, 1982, S. 226-235

ELSENHANS, Hartmut: Die Staatsklasse/Staatsbourgeoisie in den
unterentwickelten Ländern zwischen Previligierung und
Legitimationszwang. In: Verfassung und Recht in Übersee,
Bd. 10, Nr. 1, 1977, S. 29-42

ELSENHANS, Hartmut: Abhängiger Kapitalismus oder bürokratische
Entwicklungsgesellschaft. Frankfurt/New York: Campus, 1981

ESSER, Klaus: Zur Viabilität der Kleinstaaten Lateinamerikas.
In: ESSER, Klaus: Lateinamerika.
Industrialisierungsstrategien und Entwicklung. Frankfurt:
Suhrkamp, 1979, S. 208-237

ESSER, Klaus: Industrialisierung und Entwicklung in
Lateinamerika. Hemmnisse und Möglichkeiten in den 80er
Jahren. In: LINDENBERG, Klaus (Hrsg.): Lateinamerika.
Herrschaft, Gewalt und internationale Abhängigkeit. Bonn:
Verlag Neue Gsellschaft, 1982, S. 167-190

ESSER, Klaus: Lateinamerikas "Pragmatischer Neostrukturalismus."
In: Zeitschrift für Lateinamerika - Wien, Nr. 30/31, 1986,
S. 8-26

EVERS, Tilman: Bürgerliche Herrschaft in der Dritten Welt. Zur
Theorie des Staates in ökonomisch unterentwickelten
Gesellschaftsformationen. Köln: Europäische Verlagsanstalt,
1977

EVERS, Tilman: Kritik, Selbstkritik, Gegenkritik. Zum Verhältnis
von Theorie und Geschichte bei der Analyse politischer
Prozesse in Ländern der kapitalistischen Peripherie,
anläßlich der Kritiken von Tetzlaff/Töpper und Simonis.
In: HANISCH, Rolf / TETZLAFF, Rainer (Hrsg.): Staat und
Entwicklung. Studien zum Verhältnis von Herrschaft und
Gesellschaft in Entwicklungsländern. Frankfurt/New York:
Campus, 1981, S. 144-151

FERRIS, Elisabeth G.: National Political Support for Regional
Integration: The Andean Pact. In: International
Organization, Vol. 33, No. 1, Winter 1979, S. 83-104

FFRENCH-DAVIS, Ricardo: The Andean Pact: A Model of Economic
Development for Developing Countries. In: World
Development, Vol. 5, No. 1/2, 1977, S. 137-153

FINCH, M. H. J.: The Latin American Free Trade Association. In:
EL-AGRAA, Ali M.: International Economic Integration.
London: Macmillan, 1982, S. 206-225

FISCHER, Hellmuth: Der Andenpakt. Ein Versuch zur Verminderung
außenwirtschaftlicher Abhängigkeit. Frnkfurt am Main/Bern:
Verlag Peter Lang, 1981 (Münchner Studien zur
internationalen Entwicklung; Bd. 3)

GHOSH, Pradip K. (ed.): Economic Integration and Third World
Development. Westport, Connecticut: Greenwood Press, 1984

HANISCH, Rolf / TETZLAFF, Rainer (Hrsg.): Staat und Entwicklung.
Studien zum Verhältnis von Herrschaft und Gesellschaft in
Entwicklungsländern. Frankfurt, New York: Campus Verlag,
1981

HANISCH, Rolf / TETZLAFF, Rainer: Der Staat in
Entwicklungsländern als Gegenstand sozialwissenschaftlicher
Forschung. In: HANISCH, Rolf / TETZLAFF, Rainer: Staat und
Entwicklung. Frankfurt/New York: Campus, 1981, S. 13-53

HASKEL, Barbara: Disparities, Strategies, and Opportunity Costs: The Example of Scandinavian Economic Market Negociations. In: International Studies Quarterly, Vol. 18, March 1974, S. 3-30

HELDT, Sven: The Decay of the Andean Group. In: Intereconomics, Vol. 12, No. 3/4, 1977, S. 72-78

HIEMENZ, Ulrich/ LANGHAMMER, Rolf J.: Efficiency Pre-Conditions for Successful Integration of Developing Countries into the World Economy. Genf: International Labour Office, 1986. (International Emploment Policies; Working Paper No. 2)

HINE, R.C.: The Political Economy of European Trade. An Introduction to the Trade Policies of the EEC. Brighton: Wheatsheaf, 1985

HIRSCHMAN; Albert O.: Journeys Towards Progress. Studies of Economic Policy Making in Latin America. New York: Twentieth Century Fund, 1963

HIRSCHMAN, Albert O.: The Strategy of Economic Development. New Haven / London: Yale University Press, 1964

HOFFMANN, Karl Dieter: Ecuador. In: NOHLEN, Dieter / NUSCHELER, Franz (Hrsg.): Handbuch der Dritten Welt, Band 2. Hamburg: Hoffmann und Campe, 1982, S. 219-244

HOJMAN, David E.: The Andean Pact: Failure of a Model of Economic Integration? In: Journal of Common Market Studies, Vol. 20, No. 2, December 1981, S. 139-160

HÜBENER, Karl-Ludolf: Arbeiten und Schweigen. In: Dritte Welt Presse, Nr. 1, Bd. 4, Oktober 1987, S. 5

Inter-American Development Bank: Economic Integration in Latin American Development. In GHOSH, Pradip K. (ed.): Developing Latin America. A Modernization Perspective. Westport, Connecticut: Greenwood Press, 1984, S. 123-149

Inter-American Development Bank: Economic and Social Progress in Latin America: Economic Integration. Washington, D.C.: IDB, 1984. (1984 Report)

Inter-American Development Bank: Economic and Social Progress in Latin America: Agricultural Development. Washington, D.C.: IDB, 1986. (1986 Report)

Inter-American Development Bank: Economic and Social Progress in Latin America: Labor Force and Employment. Washington, D.C.: IDB, 1987. (1987 Report)

Inter-American Development Bank: Economic and Social Progress in
    Latin America: Science and Technology. Washington,
    D.C.: IDB, 1988. (1988 Report)

Junta del Acuerdo de Cartagena / Instituto para la Integracion
    de America Latina: Historia Documental del Acuerdo de
    Cartagena. Buenos Aires: INTAL, 1974

KAPLAN, Marcos: Estado y Sociedad en America Latina. Mexico:
    Editorial Oasis, 1984.

KNIPPER, Herrmann-Josef: Andenpakt / Geplante Gipfelkonferenz
    verschoben - Streit um Investitionspolitik. In:
    Handelsblatt, Nr. 38, 24. Februar 1987, S. 14

KNIPPER, Herrmann-Josef: Andenpakt / Mitgliedsländer streichen
    Schutzbestimmungen gegen Fremdkapital. In: Handelsblatt,
    Nr. 92, 14. Mai 1987, S. 11

KÖNIG, Wolfgang: Eine ökonomische Bilanz der
    lateinamerikanischen Integrationsbewegungen. In: MOLS,
    Manfred (Hrsg.): Integration und Kooperation in
    Lateinamerika. Paderborn: Schöningh, 1981, S. 101-119

KÖNIG, Wolfgang: Industrialisierung und wirtschaftliche
    Integration. Möglichkeiten und Grenzen im Zeichen
    entwicklungspolitischer Zwänge. In: Landeszentrale für
    politische Bildung Baden-Württemberg (Hrsg.):
    Lateinamerika. Stuttgart: Kohlhammer, 1982, S. 182-191

KÖNIG; Wolfgang: Zu den Möglichkeiten der wirtschaftlichen
    Integration Lateinamerikas. In: LINDENBERG, Klaus (Hrsg.):
    Lateinamerika. Herrschaft, Gewalt und internationale
    Abhängigkeit. Bonn: Verlag Neue Gesellschaft, 1982

KOOPMANN, Georg: Ten Years Andean Pact: A Reexamination. In:
    Intereconomics, Bd.14, Mai/Juni 1979, S. 116-122

KRIEGER MYTELKA, Lynn: Regional Development in a Global Economy.
    The Multinational Corporation, Technology and the Andean
    Integration. New Haven/London: Yale University Press, 1979

KRUMWIEDE, Heinrich W.: Kolumbien. In: NOHLEN, Dieter /
    NUSCHELER, Franz (Hrsg.): Handbuch der Dritten Welt,
    Band 2. Hamburg: Hoffmann und Campe, 1982, S. 245-272

LIPSEY, R.: The Theory of Customs Unions, Trade Diversion and
    Welfare. In: Economica, Vol. 24, 1957, S. 40-46

LIZANO, Eduardo: Integration of Less Developed Areas and of
    Areas on Different Levels of Development. In: MACHLUP,
    Fritz: Economic Integration: Worldwide, Regional, Sectoral.
    London/Basingstoke: Macmillan Press, 1976, S. 275-304
    (International Economic Association publications)

LOPEZ CASERO, Francisco / WALDMANN, Peter: Nationaler
Entwicklungsstand und regionale Integration. Der Andenpakt
aus der Perspektive der Mitgliedsstaaten. In: MOLS,
Manfred (Hrsg.): Integration und Kooperation in
Lateinamerika. Paderborn: Schöningh, 1981, S. 175-248

MACHLUP, Fritz: Economic Integration Worldwide, Regional,
Sectoral. London/Basingstoke: Macmillan Press, 1976
(International Economic Association publications)

MACHLUP, Fritz: A History of Thought on Economic Integration.
New York: Columbia University Press, 1977

MASINI, Jean: Transnationalisation and Market Size. In: OECD:
Inter-Regional Cooperation in the Social Sciences for
Development. Paris: OECD, 1980, S. 127-137

MESCHKAT, Klaus / ROHDE, Petra / TÖPPER, Barbara: Kolumbien.
Geschichte und Gegenwart eines Landes im Ausnahmezustand.
Berlin: Klaus Wagenbach, 1981

MILENSKY, Edward S.: From Integration to Developmental
Nationalism: The Andean Group 1965-1971. In: Inter-
American Economic Affairs, Vol. 25, No. 3, 1971, S. 77-91

MILENSKY, Edward S.: Developmental Nationalism in Practice: The
Problems and Progress of the Andean Group. In: Inter-
American Economic Affairs, Vol. 26, No. 4, Spring 1973,
S. 49-68

MOLS, Manfred (Hrsg.): Integration und Kooperation in
Lateinamerika. Paderborn/München/Wien/Zürich: Schöningh,
1981. (Internationale Gegenwart; Bd. 1)

MOLS, Manfred: Entstehungs- und Funktionsbedingungen eines
lateinamerikanischen regionalen Subsystems. In: LINDENBERG,
Klaus: Lateinamerika. Herrschaft, Gewalt und internationale
Abhängigkeit. Bonn: Verlag Neue Gesellschaft, 1982, 191-216

MOSSMANN, Peter: Staat, innergesellschaftliche Machtböcke und
Bauernbewegung in Kolumbien. In: HANISCH, Rolf / TETZLAFF,
Rainer (Hrsg.): Staat und Entwicklung. Studien zum
Verhältnis von Herrschaft und Gesellschaft in
Entwicklungsländern. Frankfurt/New York: Campus, 1981,
S. 248-267

MYRDAL, Gunnar: Ökonomische Theorie und unterentwickelte
Regionen. Stuttgart: Fischer, 1959

NIENHAUS, Volker: Integration Theory and the Problems of
Integration Policy in the Third World. In: Intereconomics,
Vol. 22, January/February 1987, S. 41-48

NOHLEN, Dieter: Chile. In: NOHLEN, Dieter / NUSCHELER, Franz
(Hrsg.): Handbuch der Dritten Welt, Band 2. Hamburg:
Hoffmann und Campe, 1982, 177-218

NOHLEN, Dieter / NUSCHELER, Franz (Hrsg.): Handbuch der Dritten
Welt, Band 2. Südamerika: Unterentwicklung und Entwicklung.
Hamburg: Hoffmann und Campe, 1982

NOHLEN, Dieter / SCHÄFFLER, Klaus / KEITEL, Hanna: Bolivien.
In: NOHLEN, Dieter / NUSCHELER, Franz (Hrsg.): Handbuch der
Dritten Welt, Band 2. Hamburg: Hoffmann und Campe, 1982,
S. 109-138

Normas comunitarias para reactualizar el proceso andino. In:
Revista de la Junta del Acuerdo de Cartagena, No. 173,
Januar-März 1987

OECD (ed.): Inter-Regional Cooperation in the Social Sciences
for Development. Paris: Development Center / OECD, 1980
(Second Inter-Regional Meeting on Development Research,
Communication and Education - Bogota, Colombia, 5th-8th
June, 1979)

O'NEILL, Helen: Regional Integration and Cooperation. In: OECD
(ed.): Interregional Cooperation in the Social Sciences for
Development. Paris: OECD, 1980, S. 97-106

PENDLE, George: A History of Latin America. Harmondsworth:
Penguin, 1981

PETRAS, James / MORLEY, Morris H.: The Rise and Fall of Regional
Economic Nationalism in Latin America, 1969-1977. In:
PETRAS, James: Critical Perspectives on Imperialism and
Social Class in the Third World. New York / London: Monthly
Review Press, 1978, S. 157-181

PREBISCH, Raul: The Economic Development of Latin America and
its Principle Problems. Santiago de Chile: ECLA, 1949

PRIEBE, Hermann: Lehren aus der europäischen
Wirtschaftsintegration für die Entwicklungsländer. In:
GUTH, Wilfried (Hrsg.): Probleme der Wirtschaftspolitik in
Entwicklungsländern. Berlin: Duncker & Humblot, 1967,
S. 58-75

PUYANA DE PALACIOS, Alicia: Economic Integration Among Unequal
Partners. The Case of the Andean Group. New York: Pergamon,
1982

ROBSON, Peter: The Economics of International Integration.
(Second Edition) London: Allen and Unwin, 1980

SENGHAAS, Dieter: Weltwirtschaftsordnung und
Entwicklungspolitik. Plädoyer für Dissoziation. Frankfurt:
Suhrkamp, 1977

SIMONIS, Georg: Staat und politische Integration im peripheren
Kapitalismus. Thesen zur Rolle des Staates in der
exportorientierten Gesellschaftsformation. In: HANISCH,
Rolf / TETZLAFF, Rainer: Staat und Entwicklung. Studien zum
Verhältnis von Herrschaft und Gesellschaft in
Entwicklungsländern. Frankfurt/New York: Campus, 1981,
S. 111-143

SLATER, Martin: Political Elites, Popular Indifference and
Community Building. In: Journal of Common Market Studies,
Vol. 21, No. 1, 1981, S. 69-93

STRAUBHAAR, Thomas: South-South Trade: Is Integration a
Solution? In: Intereconomics, Vol. 22, January/February
1987, S. 34-39

TER WENGEL, Jan: Allocation of Industry in the Andean Common
Market. Boston/The Hague/London: Martinus Nijhoff, 1980
(Studies in Development and Planning; Vol. 11)

TETZLAFF, Rainer / TÖPPER, Barbara: Gibt es "Spezifika" des
Staates in peripher-kapitalistischen Entwicklungsländern?
In: HANISCH, Rolf / TETZLAFF, Rainer: Staat und
Entwicklung. Studien zum Verhältnis von Herrschaft und
Gesellschaft in Entwicklungsländern. Frankfurt/New York:
Campus, 1981, S. 57-84

VINER, Jacob: The Customs Union Issue. New York: Carnegie
Endowment, 1950

WAGNER, Norbert / KAISER, Martin / BEIMDIEK, Fritz: Ökonomie der
Entwicklungsländer. Stuttgart: Gustav Fischer Verlag, 1983
(UTB für Wissenschaft: Uni-Taschenbücher; 1230)

WÖHLCKE, Manfred: Ein Dritter Weg für die Dritte Welt? Baden-
Baden: Nomos, 1985

WONG, John: Regional Industrial Co-operation: Experiences and
Perspective of ASEAN and the Andean Pact. Vienna: UNIDO,
1986

WONNACOTT, Ronald J. and P. WONNACOTT: Is Unilateral Tariff
Reduction Preferable to a Customs Union? The Curious Case
of the Missing Foreign Tariffs - or, Beware of the Large
Country Assumption. In: American Economic Review, Vol. 71,
1981, S. 704-714

ZIMMERLING, Ruth: Die ursprüngliche CEPAL - Doktrin. In: Zeitschrift für Lateinamerika - Wien, Nr. 30/31, 1986, S. 27-44

SPEKTRUM

Berliner Reihe zu Gesellschaft, Wirtschaft und
Politik in Entwicklungsländern · ISSN 0176-277 X

Herausgegeben von
Prof. Dr. Volker Lühr und Prof. Dr. Manfred Schulz
Freie Universität Berlin · Institut für Soziologie
Babelsberger Straße 14-16 · 1000 Berlin 31

1 Uta Borges et al., Proalcool: Analyse und Evaluierung des brasilianischen Biotreibstoffprogramms.
   1984. V, 226 S. ISBN 3-88156-265-6.

2 Helmut Asche (Hrsg.), Dritte Welt für Journalisten: Zwischenbilanz eines Weiterbildungsangebotes.
   1984. 231 S. ISBN 3-88156-266-4.

3 Detlev Ullrich, Barriopolitik in Caracas (Venezuela): eine sozialempirische Untersuchung am Beispiel
   der Erwachsenenbildung und der Stadtteilarbeit. 1984. XI, 388 S. Zahlr. Fotos, Schaub., Tab. ISBN
   3-88156-280-X.

4 Thomas Hurtienne: Theoriegeschichtliche Grundlagen des sozialökonomischen Entwicklungsden-
   kens. 1984. Bd.I: Rationalität und sozialökonomische Entwicklung in der frühbürgerlichen Epoche.
   XVI, 264 S. Bd. II: Paradigmen sozialökonomischer Entwicklung im 19. und 20. Jahrhundert. V, 422 S.
   ISBN 3-88156-285-0.

5 Volker Lühr (Hrsg.): Die Dritte Welt vor der Tür? Zwischen christlichem Wohlfahrtskonzern und
   türkischem Frauenladen: Berichte über Projekte der »Selbsthilfe« in Berlin. 1984. 216 S. ISBN 3-
   88156-292-3.

6 Wolfram Kühn: Agrarreform und Agrarkooperativen in Nicaragua. 1985. IV, 131 S. ISBN 3-88156-
   299-0.

7 Hassan Omari Kaya: Problems of Regional Development in Tanzania. 1985. VII, 243 S. ISBN
   3-88156-302-4.

8 Manfred Wetter: Der Mythos der Selbsthilfe. Illegale Siedlungen und Informeller Sektor in Nairobi.
   1985. XV, 337 S. 15 Kln. 61 Fotos. ISBN 3-88156-312-1.

9 Wolfgang J. Herbinger: Von Japan lernen? Die Relevanz seiner Erfahrungen für die Entwicklungsländer heute. 1985. IV, 218 S. ISBN 3-88156-317-2.

10 Ludgera Klemp: Von der »Gran Aldea« zur Metropole. Zur Entwicklung von Buenos Aires unter
    besonderer Berücksichtigung des Stadt-Land-Gegensatzes. 1985. 168 S. ISBN 3-88156-320-2.

11 Maren Jacobsen: Ein mexikanischer Erdölstaat: Tabasco. 1986. 175 S. ISBN 3-88156-332-6.

12 Claudia Maennling: Interne Formen und Folgen außeninduzierter Entwicklung: Goldboom und Gold-
    baisse in Madre de Dios/Peru. 1986. 637 S. 8 Fotoseiten. ISBN 3-88156-350-4.

13 Lühr/Schulz (Hrsg.) Zur Öffentlichkeitsarbeit entwicklungspolitischer Organisationen in Berlin.
    1987. 129 S. ISBN 3-88156-355-5.

Verlag **breitenbach** Publishers
Memeler Straße 50, D-6600 Saarbrücken, Germany
P.O.B. 16243 Fort Lauderdale, Fla. 33318, USA

SPEKTRUM

Berliner Reihe zu Gesellschaft, Wirtschaft und
Politik in Entwicklungsländern · ISSN 0176-277 X

Herausgegeben von
Prof. Dr. Volker Lühr, Prof. Dr. Manfred Schulz und
Prof. Dr. Georg Elwert

15 Evelin Lubig: Wie die Welt in das Dorf und das Dorf in die Welt kam. Transformation ökonomischer und sozialer Strukturen in einem türkischen Dorf. 1988. V, 184 S. ISBN 3-88156-420-9.

16 Volkmar Blum: Zur Organisation kleinbäuerlichen Wirtschaftens. Entwicklungstendenzen, Erklärungsansätze und Fallstudien aus den östlichen Anden Südperus. 1989. VI, 425 S. ISBN 3-00150-430 X.

17 Harald K. Müller: Changing Generations: Dynamics of Generation and Age-Sets in Southeastern Sudan (Toposa) and Northwestern Kenya (Turkana). 1989. IX, 204 S. ISBN 3-88156-440-3.

18 Marc Meinardus: Kleine und kleinste Betriebe auf den Philippinen. Eine Fallstudie zur Diskussion um die Rolle des Kleingewerbes im Entwicklungsprozeß. 1989. 386 S. ISBN 3-88156-445-4.

19 Karin Luke: Die Entwicklung der Tierhaltung in Deutschland bis zum Beginn der Neuzeit. Modell und historische Realität. 1989. IV, 179 S. ISBN 3-88156-446-2.

20 Christine Wyatt: Regionale Integration und Entwicklung: Möglichkeiten und Grenzen des Andenpakts. 1989. III, 103 S. ISBN 3-88156-449-7.

Verlag **breitenbach** Publishers
Memeler Straße 50, D-6600 Saarbrücken, Germany
P.O.B. 16243 Fort Lauderdale, Fla. 33318-6243, USA